Visseaux
Auf dem Weg des Evangeliums

W0233526

P. Roger Visseaux OSB

Auf dem Weg des Evangeliums

Ein Buch vom geistlichen Leben –
nicht nur für Mönche

Kanisius Verlag

Herausgegeben mit Unterstützung des Klosters Einsiedeln und des Klosters Heiligkreuz, Cham, von P. Johannes Haymoz OSB

Deutsche Übersetzung: P. Johannes Haymoz OSB, Einsiedeln

© 1984 Kanisius Verlag
ISBN 3-85764-172 X
Titel des französischen Originals: *Livre de vie monastique, chemin d'Evangile*. Monastère Demeure Notre Père, Sanilhac (Ardèche)

Auslieferung:
Kanisius Verlag, Postfach 1052, CH-1701 Freiburg,
und Kanisiuswerk, Blarerstrasse 18, D-7750 Konstanz

Herstellung:
Kanisiusdruckerei, Freiburg Schweiz

Auf dem Weg des Evangeliums

Ganz selten trifft man auf Worte, wie dieses Buch «Auf dem Weg des Evangeliums» sie enthält. Sie sind von einer solchen schlichten Durchsichtigkeit, als spräche gar kein Mensch mehr, sondern der Geist der Ordensregel selber (welche monastische Regel immer es sein mag), und doch ist alles so geprägt, so unmittelbar aus dem gelebten Leben heraus formuliert, dass man den Menschen spürt – einen liebenswerten, dem man sich gern anvertraut –, der solches geschrieben hat. Das Buch ist ein seltenes Geschenk: Es macht die scheinbar harte, historisch festgelegte Regel transparent auf dem immer heutigen Weg der Nachfolge des Herrn. Es gibt einen einzigartigen Klang, hoffentlich hören ihn viele.

Hans Urs von Balthasar

Vorwort

Lieber Leser!

So ist dieses Buch entstanden: Nicht dass da ein einzelner sich hingesetzt und den Faden seiner Gedanken gesponnen hätte. Man weiss ja, wie es bei den Gedanken so gehen kann: einer zieht den andern nach sich, und beim Schlussergebnis weiss man dann nicht, ist das nun eine Konstruktion von Gedanken oder die Struktur der Wirklichkeit? An diesem Buch haben mehrere Menschen geschrieben. Männer, die sich seit Jahren zu einem gemeinsamen klösterlichen Leben gesammelt hatten und sich einer uralten monastischen Überlieferung anvertrauten, trugen in ehrlichen Gesprächen ihre Erfahrungen zusammen, prüften sie auf ihre Echtheit, ordneten sie und besprachen dann Satz für Satz miteinander.

Aus diesem Entstehungsprozess ergibt sich aber nicht etwa ein schwerfälliges, kaum überblickbares Gebilde, wie man befürchten könnte. Im Gegenteil: Einer der Vorzüge dieses Buches ist gerade die kristallklare Ordnung, wodurch sich alles zueinander fügt. Das ist nicht eine von Menschen künstlich erdachte Ordnung, es ist die Ordnung des Lebens, das sich eben aus der Einfachheit des Evangeliums entfaltet. Der zweite Vorzug, den das Buch ebenfalls der Art seiner Entstehung verdankt, ist die unaufhaltsame Kraft, die wir darin verspüren, die Energie, die den Lebenssaft des Evangeliums bis in die äussersten Verästelungen des Daseins treibt.

Kann aber ein Buch, das von Mönchen in der Sprache des Mönchtums geschrieben ist, sich an die Allgemeinheit der Christen richten? Und das ist doch die Absicht der Verfasser. Sie wollen mit diesem Buch nicht die Anzahl der theoretischen oder praktischen Abhandlungen über das Mönchtum vermehren. Sie wollen nicht eine bestimmte Form des christlichen Lebens oder einen bestimmten Orden empfehlen. Sie reden schlicht und einfach von den Erfahrungen, die der Mensch macht auf dem Weg des Evangeliums. Diese Erfahrungen mögen verschieden sein, aber man darf sich doch fragen, ob es eine Sprache gibt, die ehrlicher und treffender als diese Sprache des Mönchtums ausdrückt, was der Christ auf dem Weg des Evangeliums erfährt.

Der Übersetzer P. Johannes Haymoz OSB

Inhalt

Eingangskapitel:
Christus Jesus, lebendige Regel der Christen, lebendige Regel der Mönche 13

Erster Teil: Christ sein – Mönch sein

I. Beten und leben nach dem Evangelium
   Kapitel 2: Jesus fordert uns auf zu beten 17
   Kapitel 3: Die besondere Berufung der Mönche 19

II. Wie wir beten sollen
   Kapitel 4: Das Wohnen Gottes in uns 23
   Kapitel 5: Der Ort des Gebetes 25
   Kapitel 6: Das Wort Gottes 27
   Kapitel 7: Das Gebet, das Jesus uns anvertraut
           hat 30
   Kapitel 8: Die Psalmen 32
   Kapitel 9: Das Werk Gottes 34
   Kapitel 10: Das spontane Gebet im Heiligen
           Geist 37
   Kapitel 11: Das Gebet im Verborgenen 40
   Kapitel 12: Das immerwährende Gebet 44
   Kapitel 13: Das Gebet während der Arbeit 47
   Kapitel 14: Das Gebet während der Nacht 48
   Kapitel 15: Die Riten, die das Gebet begleiten 51
   Kapitel 16: Das Fasten, das das Gebet begleitet 52
   Kapitel 17: Die Geheimnisse des Herrn 54
   Kapitel 18: Das Opfer des Herrn, das alles Beten
           erfüllt 56

III. Wie wir nach dem Evangelium leben sollen
   Kapitel 19: Sich bekehren 61
   Kapitel 20: Sich Gott geben 64
   Kapitel 21: Die Hingabe an die Brüder 70
   Kapitel 22: Das Kreuz auf sich nehmen 72
   Kapitel 23: Ein reines Herz haben 74

Kapitel 24: Eintreten in den Gehorsam des
Herrn 75
Kapitel 25: Eintreten in die Demut des Herrn 79
Kapitel 26: Wandeln in der Demut und in der
Liebe 84
Kapitel 27: Eintreten in die Freude des Herrn ... 90

Zweiter Teil: Gemeinsam leben oder allein leben

I. Zusammenleben in der
brüderlichen Gemeinschaft
Kapitel 28: Der Name «Bruder» 94
Kapitel 29: Die Zahl der Brüder 96
Kapitel 30: Das Wort 97
Kapitel 31: Das Schweigen 99
Kapitel 32: Die brüderliche Gemeinschaft 102
Kapitel 33: Der Vater im Schoss der brüder-
lichen Gemeinschaft 104
Kapitel 34: Der Name «Vater» 105
Kapitel 35: Die Ernennung zum Vater 107
Kapitel 36: Die Versammlung der Brüder 109
Kapitel 37: Suchen nach dem Willen des Herrn 111
Kapitel 38: Die Barmherzigkeit, die Vergebung,
die gegenseitige Hilfe 113
Kapitel 39: Der Stundenplan der Mönche 116

II. Zusammenleben in der Armut und im Teilen
Kapitel 40: Arm, wie Jesus es versteht 119
Kapitel 41: Armut der Mönche 121
Kapitel 42: Die Kleidung 123
Kapitel 43: Der Wohnraum 124
Kapitel 44: Die Speise 126
Kapitel 45: Die Arbeit 127
Kapitel 46: Das tägliche Brot 129

III. Allein leben
Kapitel 47: Das Lob der Wüste 131
Kapitel 48: Das Leben in der Wüste 132
Kapitel 49: Der Kampf in der Wüste 134

Kapitel 50: Wie Gott die Eremiten erwählt 136
Kapitel 51: Die Beziehungen des Eremiten 138

Dritter Teil: Zur Kirche gehören

Kapitel 52: Wie die Mönche zur Kirche gehören 141
Kapitel 53: Wachen 143
Kapitel 54: Zeugnis geben 144
Kapitel 55: Gastfreundschaft 146
Kapitel 56: Mit Maria, Mutter der Kirche 148

Vierter Teil: Sich binden und ausharren

Kapitel 57: Die Unterscheidung der Berufung 151
Kapitel 58: Das Mönchtum empfangen 153
Kapitel 59: Gott geweiht sein 155
Kapitel 60: Bleiben 156

Eingangskapitel: Christus Jesus, lebendige Regel der Christen, lebendige Regel der Mönche

Brüder, wir haben unsere Wohnstätte zu errichten auf dem Felsen, auf dem Eckstein, der Christus Jesus ist, das Wort Gottes, das Fleisch geworden ist, geboren aus der Jungfrau Maria.

+

Der Vater im Himmel ist es, der uns zu seinem Sohn hinzieht. Er ist es, der uns auf den Weg bringt zur persönlichen Begegnung mit Jesus, die das ganze Leben verändert.

Er tut dies durch ein geheimnisvolles Wirken seines Geistes. Dieser ist «bei uns», er ist «in uns», gesandt vom Vater. Er lehrt uns, Jesus im Glauben zu erkennen, als Gott und als Erlöser:

Jesus ist in seiner Liebe zu uns so weit gegangen, dass er sein Leben für uns hingab.

Er hat uns, die wir verwundet waren, am Weg gefunden. Er heilt unsere Wunden.

Er führt uns in seine Wohnung. Er nimmt uns mit in sein eigenes Leben, in seine innersten Beziehungen mit dem Vater und dem Heiligen Geist.

Er erleuchtet unser Dasein, indem er es nach den Plänen seines Vaters ausrichtet, denn er ist das Licht, der Weg, die Wahrheit und das Leben.

Er ist die Kraft, die uns aufrecht hält in den Zeiten unserer Schwäche und die uns festhält in der Treue:

«Niemand wird sie meiner Hand
entreissen.
Der Vater, der sie mir gegeben hat,
ist grösser als alle,
und niemand vermag irgend etwas
der Hand meines Vaters zu entreissen.»
Joh 10,28–29

+

Jesus fordert uns zuallererst auf, Glauben zu haben und unbegrenztes Vertrauen in seine Liebe zu uns und in seine Allmacht: «Alles ist dem möglich, der glaubt.»

Er fordert uns überdies auf, mit ihm eins zu sein, wie die Reben mit dem Weinstock eins sind und die Glieder mit dem Leib. Wir müssen «in ihm bleiben», und damit wir in ihm bleiben, seinen Leib und sein Blut empfangen, denn er hat gesagt: «Wer mein Fleisch isst und mein Blut trinkt, bleibt in mir und ich in ihm.»

Auch müssen wir «in seinem Wort bleiben». In seinem Wort bleiben heisst, sein Evangelium betrachten, es hineinnehmen in die Realitäten des täglichen Daseins. Wenn man seine Gebote nicht hält, kann man nicht «in seiner Liebe bleiben», man kann keine Früchte tragen:

«Wer in mir bleibt,
und in wem ich bleibe,
der wird viele Früchte tragen,
denn ohne mich könnt ihr nichts tun.»
Joh 15,5

+

Jeder von uns, die ganze Gemeinschaft, muss Jesus mit Liebe aufnehmen. Er ist der treue Freund. Er ist der wachsame Hirte. Er hat uns gesagt, er selbst werde Sorge tragen zu den Schafen seiner Herde.

Er wirkt ununterbrochen auf uns, indem er uns seinen Geist mitteilt. Durch diese fortwährende Gabe des Heiligen Geistes sät er in uns sein Wort, macht uns zu Söhnen Gottes, zu Christen und Mönchen:

14

«Der Tröster, der Heilige Geist...
wird euch alles lehren
und wird euch erinnern
an alles, was ich euch gesagt habe.»
«Er wird nicht aus sich selbst reden,
sondern er wird sagen, was er gehört hat.»
«Er wird euch mitteilen,
was er von mir erhält.»
Joh 14,26; 16,13–14

Erster Teil:
Christ sein – Mönch sein

I. Beten und leben nach dem Evangelium

Kapitel 2: Jesus fordert uns auf zu beten

Das Beispiel des Herrn

Jesus lebte immer vor seinem Vater in einer Haltung der Liebe, der Hingabe und des Dienstes, der Danksagung und der Fürbitte. Das immerwährende Beten, das wir anstreben, hat seine Quelle im Wort Gottes, das Fleisch geworden ist.

Er legte indessen grossen Wert darauf, dass bestimmte Augenblicke seines Lebens ausschliesslicher und sichtbarer dem Gebet geweiht waren. Er betete öffentlich im Tempel, in der Synagoge, vor seinen Jüngern. Er betete lange in der Einsamkeit, in der Wüste, auf dem Berg.

In dieser unaufhörlichen Gebetsbeziehung zu seinem Vater entfaltete sich das ganze Geheimnis seines kindschaftlichen Lebens. Aus seiner Schau und seiner Kontemplation entsprangen je zu ihrer Zeit Wort und Taten.

«Das Wort, das ich zu euch rede,
rede ich nicht von mir aus:
Der Vater, der in mir wohnt,
vollbringt die Taten.»
Joh 14,10

17

Das Gebet der Jünger

Jesus macht auch uns zu Söhnen Gottes.

Unser kindschaftliches Leben entfaltet sich wie das seine in unserer innersten Gebetsbeziehung zum Vater. Deshalb lädt uns der Herr ein, das Gebet nicht nur an ihn selber zu richten, sondern auch an seinen und unseren Vater:

> «...Und ich sage nicht,
> dass ich den Vater für euch bitten werde,
> denn der Vater selber liebt euch,
> weil ihr mich geliebt habt.»
> «Was ihr vom Vater erbitten werdet,
> wird er euch in meinem Namen geben...
> Bittet, und ihr werdet empfangen,
> und eure Freude wird vollkommen sein.»
> Joh 16,26–27; 16,23–24

+

Der Herr fordert uns nicht nur auf, am Morgen und am Abend zu beten, sondern in einem fortwährenden Gebet, in einer fortwährenden Wachsamkeit zu leben:

> «Er sagte ihnen durch ein Gleichnis,
> dass sie allezeit beten
> und darin nicht nachlassen sollen.»
> Lk 18,1
> «Wachet und betet allezeit,
> damit ihr die Kraft habt,
> allem zu entrinnen,
> was geschehen wird,
> und damit ihr in Zuversicht
> vor den Menschensohn hintreten könnt.»
> Lk 21,36

+

Der heilige Apostel Paulus erinnert uns eindringlich daran, dass Jesus gerade das von uns will:

> «Betet ohne Unterlass.
> Dankt in allen Lebenslagen,

denn das ist Gottes Wille über euch,
in Christus Jesus.»
1 Thess 5,17–18

«Hört nicht auf zu beten und zu flehen.
Betet allezeit im Heiligen Geist.
Seid wachsam
und bittet für alle Heiligen.»
Eph 6,18

«Lasst nicht nach im Beten,
seid wachsam und dankbar.»
Kol 4,2

+

Wenn wir diesen ausdrücklichen Einladungen Jesu und seines Apostels treu sind, werden wir in einem Klima der unablässigen Beziehungen zu Gott leben.

In der Innigkeit und der Wärme dieser Gebetssammlung unterrichtet uns der Geist des Herrn über die Forderungen des Evangeliums. Da senkt er in unser Herz das Verlangen, unser tägliches Leben zu wandeln, indem wir es in allem dem Willen des Herrn und seines Vaters unterwerfen.

Da schöpfen wir die Kraft, nach dem Evangelium zu leben.

Kapitel 3: Die besondere Berufung der Mönche

Brüder, unser Leben als Mönche fügt sich ein in dasjenige Jesu Christi, in die Jahre seines verborgenen Lebens, in die Stunden seiner Einsamkeit, seines liebenden Blicks zum Vater, seiner Fürbitte für seine Brüder:

«Jesus verliess, erfüllt vom Heiligen Geist,
die Gegend des Jordans,
und der Heilige Geist führte ihn in die Wüste.»
Lk 4,1

+

Sobald die Zeiten der Verfolgungen zu Ende waren, führte der Heilige Geist eine grosse Zahl von Christen in die Wüste.

So haben unzählige Mönche im Gefolge der Heiligen Antonius und Pachomius die einsamen Gegenden des Orients und des Okzidents bevölkert. So auch alle jene, die sich seit den Anfängen bis in unsere Tage in die Abgeschiedenheit einer Zelle oder in die Klausur eines Klosters, auch wenn es in einer Stadt liegt, zurückgezogen haben.

Dies ist keine Vorbereitung auf das Leben in der Welt. Es ist eine Abkehr von der Welt, ganz oder teilweise, je nach der Berufung. Es geht nicht ohne Entsagungen. Man kann Jesus nicht in die Einsamkeit nachfolgen, ohne «Haus, Familie und Felder» preiszugeben. Man kann nicht bei ihm bleiben, ohne diesem Verzicht die Kraft eines dauernden Entscheides zu geben.

Es geht also, meine Brüder, nicht darum, ein leichteres Leben zu führen oder der Verantwortung aus dem Weg zu gehen, wenn der Geist uns ruft, zurückgezogen von der Welt zu leben.

+

Zuerst einmal antworten wir der Stimme des Herrn, der alle Christen einlädt, im Gebet zu verharren.

Die Beziehung zum Herrn ist wesentlich für das Leben des Volkes Gottes. Sie ist sein Atem, das, wodurch er die Welt übersteigt und zu ihrer Bestimmung führt. Darum ist es recht, dass einige seiner Glieder ihr ganzes Leben, in einer in gewissem Sinne ausschliesslichen Art, dieser Beziehung zu Gott weihen.

Wenn der Heilige Geist sie in der Einsamkeit festhält, so nur, damit sie mit mehr Freiheit, Intensität und Kontinuität dieses unablässige Gebet verwirklichen, nach dem jeder Christ streben muss.

Die Väter des Mönchtums waren sich wohl bewusst, dass dies der Sinn ihrer Berufung war: «Das ganze Ziel des Mönchs und die Vollkommenheit des Herzens besteht in der Ausdauer des ununterbrochenen Betens.»

+

Die Klöster sind also im Schoss der Kirche und der Welt Sammelpunkte des Gebetes, der Anbetung und des Lobpreises.

Wir müssen, Brüder, vor Gott, unserem Vater, stehen als eine reine Opfergabe für seine Herrlichkeit, ohne an uns zu denken. Wenn er uns gerufen hat, fortwährend in seiner Gegenwart zu leben, so deshalb, damit wir ihn lieben und in Geist und Wahrheit ihn anbeten, ihn, den allein wahren Gott; damit wir uns durchdringen und formen lassen von dieser Liebe, deren immer neue Quelle er ist; damit er in uns sein Reich und bis in alle Einzelheiten seinen Willen verwirklichen kann.

+

Wenn wir so in seiner Gegenwart stehen müssen, so nicht nur in unserem Namen, sondern im Namen aller Glieder des Volkes Gottes, selbst wenn wir uns dessen nicht immer bewusst sind.

Als Opfer und Weihegabe der Kirche sind wir die lebendige Vergegenwärtigung dieses Volkes vor Gott, wir sind sein Gebet, seine selbstlose Anbetung, seine Liturgie, sein Erwarten der ewigen Güter.

Das verborgene Leben der Mönche hat also eine kirchliche Tragweite, und zwar viel mehr durch das, was sie sind und was sie leben, als durch ihre Fürbitten. Dies soll sie vor dem Versagen schützen. Eine grosse Verantwortung tragen sie vor Gott und vor ihren Brüdern.

+

Obwohl die Berufung der Mönche wesentlich auf Gott hin ausgerichtet ist, steht sie doch auch im Zusammenhang mit der den Aposteln anvertrauten Sendung: «Geht hin und lehret alle Völker.»

Jesus hat die Verkündigung nicht mit Wort und Werken begonnen, sondern mit einem langen Aufenthalt in der Wüste, im Gebet und im Fasten.

Indem der Heilige Geist in der Kirche die Mönchsorden schafft und erhält, gewährleistet er die Fortdauer dieser geheimnisvollen Wachsamkeit, die Jesus selber begonnen hat. Sie wird dauern, bis er wiederkommt, und ebensolange wird die Sendung dauern. Im Verborgenen bereitet sie die Herzen darauf vor, das Wort zu empfangen und zu verkünden.

+

Es geht um eine Teilnahme am verborgenen Handeln des Herrn an seiner Kirche.

Er beruft die Christen, einige eindringlicher als andere, für ihre Brüder einzutreten. Er lädt sie ein, für sie aufzuopfern, was sie Gutes tun, für sie zu danken und wiedergutzumachen und mit ihnen die Gnadengaben zu teilen, die sie erhalten haben. Daraus ergibt sich eine unablässige geistliche Kommunikation zwischen allen Kindern Gottes, wobei sie selber eins sind mit Jesus, von dem sie alles empfangen, was sie geben.

Es ist diese verborgene Wirklichkeit im Leben des Gottesvolkes, der die Väter den Namen «Gemeinschaft der Heiligen» gaben. Sie entzieht sich den Blicken, aber sie bedingt und befruchtet das ganze sichtbare Wirken der Kirche.

Das ganze Leben der Mönche ereignet sich vor dem Angesicht Gottes. Er bezieht sie auf seine Weise ein für das Heilswerk der Welt.

II. Wie wir beten sollen

Der wahre Lehrer des Gebetes ist der, den der Vater
und der Sohn uns senden: der Heilige Geist, der heiligt
und lebendig macht:

> «Der Geist nimmt sich unserer
> Schwachheit an,
> denn wir wissen nicht,
> wie wir beten sollen.
> Doch der Geist selber tritt für uns ein
> mit unaussprechlichen Seufzern.»
> Röm 8,26

Kapitel 4: Das Wohnen Gottes in uns

«Wisst ihr nicht», sagt uns der heilige Paulus, «dass
ihr der Tempel Gottes seid und dass der Heilige Geist in
euch wohnt?»

Jesus hat es uns selber gelehrt. Er hat uns gesagt, dass
sein Vater und er im Herzen des Menschen, das sich Gott
öffnet, wohnen werden:

> «Wenn jemand mich liebt
> und mein Wort bewahrt,
> wird mein Vater ihn lieben,
> und wir werden zu ihm kommen
> und in ihm wohnen.»
> Joh 14,23

+

Wenn der Vater, das Wort und der Heilige Geist auf
diese Weise im Herzen des Menschen Wohnung nehmen,
dann sicher nicht, um ohne dessen Wissen in ihm zu leben.

Im Gegenteil. Sie kommen, um erkannt zu werden, und
nicht nur um erkannt zu werden, sondern um uns in ihr
Leben einzuführen. Der Heilige Geist, der uns gegeben
ist, offenbart uns mehr und mehr den Sohn und allen
Reichtum seiner Gnade. Er lässt uns den Vater erkennen,

dessen lebendiges Ebenbild der Sohn ist. Er lässt sich selbst erkennen in der Fülle seiner Kraft und seiner Milde.

Da Gott Liebe ist, geben sie sich uns nach und nach in einem Kuss der Liebe preis. Im einigenden Hauch des Heiligen Geistes sind wir eins mit Jesus, dem fleischgewordenen Wort Gottes, und in ihm sind wir eins mit dem Vater und allen unseren Brüdern:

> «... damit sie eins seien,
> wie wir eins sind,
> ich in ihnen und du in mir.»
> Joh 17,22–23

+

Der Mensch dringt so in das Leben Gottes ein. Dieser macht ihn teilhaftig seiner eigenen Natur, nach den Worten des heiligen Petrus. Es ist eine neue Geburt, sagt der Herr, ein neues Leben.

Dieses neue Leben beginnt im Dunkeln, eingesät in unsere eigenen Schwierigkeiten, in unsere alltäglichen Schwächen. Es ist geheimnisvoll und verborgen, ganz wie die Gegenwart Gottes in uns. Es strebt nach der Einigung in der Liebe, die jedes Erkennen übersteigt.

Es ist ein ganz realer Anfang des ewigen Lebens. Es kann, wenn wir treu sind, endlos dauern. Selbst der Tod wird es nicht abbrechen, ganz im Gegenteil:

> «Wer an mich glaubt, wird leben,
> auch wenn er stirbt,
> und jeder, der lebt und an mich glaubt,
> wird niemals sterben.»
> Joh 11,25–26

+

Das ist eine eigentliche, göttliche Hochzeit. Dieses Eintreten in das innerste Leben des Vaters, des Sohnes und des Heiligen Geistes bildet das wunderbarste Abenteuer, von dem ein Mensch träumen kann, nicht nur für ihn selbst, sondern auch für das Heil der Kirche und aller seiner Brüder. Es ist gesammelte Glut, immer bereit, aufzuleuchten und aufzuflammen, wenn der Wind des Heiligen Geistes sie anfacht.

Alle Menschen sind zu dieser Hochzeit eingeladen. Sie gehört zu den Urelementen der frohen Botschaft, zu den wichtigsten Gegenständen der christlichen Verkündigung und der den Aposteln anvertrauten Sendung:

> «Geht also hinaus an die Wegkreuzungen
> und ladet alle, die ihr trefft,
> zur Hochzeit ein.
> ... damit mein Haus voll wird.»
> Mt 22,9; Lk 14,23

+

Brüder, wir sind vom Heiligen Geist mitten ins Gottesvolk hineingestellt als ein lebendiges Gebet, gäbe es doch der Herr, dass wir ihm nie antworten: «Ich bitte dich, halte mich für entschuldigt.»

Wir könnten nie in der Kirche drinnen die Verkünder des göttlichen Gastmahles sein, wenn wir nicht selber davon gekostet hätten.

Kapitel 5: Der Ort des Gebetes

Das Herz ist der Ort des Gebetes. Tief in uns gibt es ein uns angeborenes und verborgenes Verlangen nach Gott, eine latente Sehnsucht, ihm zu begegnen und seinen Namen zu kennen.

In diesem Ort der Begegnung nehmen der Vater, das Wort und der Heilige Geist Wohnung. Hier lassen sie das lebendige Wasser entspringen, das bis zum ewigen Leben emporsteigt. Hier spricht der Heilige Geist für uns den Namen Vater und den Namen Jesus aus.

Hier belebt er mit Hilfe der Gaben, die er in unser Inneres gelegt hat, all das, was zum Gebet des Herzens beiträgt: die unmittelbare Erkenntnis Gottes im Glauben, die Liebe, die Hoffnung und die Furcht, die Anbetung, das Loben, die Dankbarkeit, die Reue über unsere Fehler und die demütige Bitte.

Aber das Gebet, das der Heilige Geist so in unserem Herzen formt, bleibt darin nicht eingeschlossen. Es kann hinausgehen und Gott an jedem andern Ort, wo er seine Gegenwart offenbart, suchen.

Es kann ihn suchen gehen in seiner himmlischen Wohnung. So wendet sich der Psalmist an Gott, der in den Höhen wohnt und auf die Kleinsten blickt. So rufen wir jeden Tag zu unserem Vater, der im Himmel wohnt.

Es kann aber auch Gott in seiner Schöpfung betrachten und finden, denn die ganze Schöpfung erzählt seine Wunder. Der Tag erzählt sie der Nacht, und die Nacht erzählt sie dem Tag. Die alten Mönche errichteten ihre Klöster an Orten, die zum Gebet und zum Staunen einladen.

Es kann auch Gott entgegengehen an jene Orte, die die Kirche ihm geweiht hat, das Oratorium des Klosters und noch mehr seine Gegenwart in der Eucharistie.

Es kann Gott in unseren Brüdern begegnen, in den Armen, in all denen, die leiden. Ja es ist gut für uns, wenn wir ihn gerade in jenen Menschen anbeten, die zu lieben uns schwerfällt.

Das Gebet kann Gott auch in der Verborgenheit der Zelle finden, wenn alle Türen geschlossen sind, wie der Herr uns nahelegt.

+

Noch tiefer kann das Gebet Gott begegnen nicht mehr ausserhalb von uns, sondern im Innersten unseres Herzens.

Dort berührt er uns unmittelbar und unaufhörlich. Es gibt Gnadengaben, die sind eine fühlbare Wahrnehmung dieser Gegenwart, dieses verborgenen Durchdrungenseins und seiner Liebe.

Wo immer wir sind, und wie viele Leute auch um uns herum sind, wir können Gott immer in diesem inneren Heiligtum finden. Niemand wird das verletzen können:

«Nichts anderes ist das,
als das Haus Gottes
und die Pforte des Himmels.»
Gen 28,17

Kapitel 6: Das Wort Gottes

Das Gebetsleben nährt sich zuallererst vom Wort Gottes.

Gott hat gesprochen durch die Propheten. Dann hat er uns seinen eigenen Sohn gesandt. Er ist der Sämann im evangelischen Gleichnis, der ununterbrochen die göttliche Saat in die Welt streut: «Dieser ist mein vielgeliebter Sohn, hört auf ihn.»

Dieses Wort des vielgeliebten Sohnes, das der Propheten, die es vorbereiten, hören wir, Brüder, mehrere Male täglich. Es ist für uns wichtiger als das Brot, von dem wir uns ernähren:

«Der Mensch lebt nicht vom Brot allein,
sondern von jedem Wort,
das aus dem Munde Gottes kommt.»
Mt 4,4

+

Das Aufnehmen des Wortes

Es genügt nicht, Brüder, dass wir das Wort hören, wenn auch mit Freude, und uns dann zurückziehen und es alsbald vergessen. Die Angleichung an den Gedanken Gottes geschieht nicht auf diese Weise.

Wir müssen das Wort nicht nur im Glauben aufnehmen, sondern auch im Herzen bewahren, wie die Jungfrau Maria es tat, es immer wieder lesen, es dem Gedächtnis einprägen und immer wieder darauf zurückkommen, bis wir davon tief durchdrungen sind.

Das ist eine ganz einfache Art und Weise, in das Gebetsleben einzutreten. Das heisst wirklich auf Gott hören, der durch die Propheten und seinen Sohn zu uns spricht. Das heisst sein Wirken in der Geschichte der

Menschen schauen. Das heisst seine Offenbarungen im Glauben und in der Liebe aufnehmen.

Wenn er keimen soll, dann muss der Same auf gutes Erdreich fallen, in ein aufmerksames, edles und grossmütiges Herz. Die Schrift, sagen die Väter, verändert ihr Antlitz je nach der Vorbereitung dessen, der sie empfängt, mit der Reinheit seines Herzens, seinem Verlangen nach Gott, seiner Sammlung. Gerade den Kleinen und den Demütigen behält der Vater im Himmel das tiefste und einfühlendste Verständnis seines Wortes vor.

Die Sendung des Heiligen Geistes

Als Jesus auf unserer Erde lebte, erklärte er den Jüngern die Schrift. Ihr Herz brannte, als er zu ihnen unterwegs sprach.

Aber seit der Auffahrt ist es der Heilige Geist, der das Buch der Schriften öffnet. Er war gegenwärtig, er wirkte im Herzen der Propheten, er muss gegenwärtig sein im Herzen dessen, der die Botschaft erhält.

Sobald ein Bruder sich Mühe gibt, gläubig das Wort zu hören, erhält der Heilige Geist vom Vater den Auftrag, sein Herz bereitzumachen und seinen Verstand aufzuschliessen, damit er in diesem Wort für seine Bedürfnisse Licht, Kraft und Trost findet.

Die Früchte des Wortes

Gott streut den Samen, damit er Frucht bringt:

Früchte des Gebetes zuallererst. Denn die Lesung kann sich entwickeln zum stillen Gebet, wenn der Geist darüber weht, oder zum Gesang des Jubels.

Früchte der Kontemplation sodann. Denn gerade durch den beharrlichen Umgang mit der Schrift hatten die alten Mönche Zugang zu einer tiefen Kenntnis des göttlichen Geheimnisses, zu einer lebendigen, mit Liebe erfüllten Theologie.

Das Wort bringt ferner auch Früchte im täglichen Ablauf des Daseins. Indem es den Glauben stärkt, die Hoffnung belebt, befreit es von den Sorgen des Lebens und führt auf den Weg der Vollkommenheit: «Seid vollkommen, wie euer himmlischer Vater vollkommen ist.»

> «Wie der Regen und der Schnee
> vom Himmel fallen
> und nicht dorthin zurückkehren,
> bevor sie die Erde bewässert,
> sie fruchtbar gemacht
> und zum Keimen gebracht haben...
> so ist es mit dem Wort,
> das aus meinem Munde kommt,
> es kommt nicht zu mir zurück,
> ohne seine Wirkung
> hervorgebracht zu haben,
> ohne vollbracht zu haben,
> was ich wollte,
> und verwirklicht, wozu ich es sandte.»
> Jes 55,10–11

Die Zeit des Wortes

Der Herr kann unmittelbar die Geister und die Herzen erleuchten. Er tut es oft für die Kleinsten und Demütigsten.

Dennoch dringen wir für gewöhnlich mit Hilfe der Schrift oder der von der Schrift genährten Liturgie in die Erkenntnis des Geheimnisses, das Gott ist, ein. Deshalb müssen wir jeden Tag eine bestimmte Zeit für die Lesung der heiligen Bücher, ganz besonders des Evangeliums, offenlassen, damit wir teilhaben an der Gesinnung Jesu, wie wir in der Kommunion teilhaben an seinem Leib und seinem Blut.

Diese Offenheit für das Wort setzt immer ein Klima des Gebetes und des Hörens auf die Kirche voraus, denn ihr hat Gott ja die heiligen Bücher anvertraut.

+

Die Mönche waren immer im Schoss der Kirche aufmerksame Zuhörer des Wortes. Unzählbare von ihnen haben es abgeschrieben, geliebt, kommentiert.

Tatsächlich sieht die monastische Regel lange Stunden vor für diese eindringliche Beschäftigung mit dem Wort

Gottes, die sie «Lectio divina» nennt. Diese ist eines der Wesenselemente des kontemplativen Lebens des Mönches. Sie kann sich erstrecken auf alles, was an Vertiefung und Einsicht in das göttliche Geheimnis, das in der Schrift enthalten ist, von denen aufgeschrieben wurde, die im Verlauf der Zeiten die Erleuchtungen des Heiligen Geistes empfangen haben:

> «Wenn der Geist der Wahrheit kommt,
> wird er euch in alle Wahrheit einführen.»
> Joh 16,13

Kapitel 7: Das Gebet, das Jesus uns anvertraut hat

Das allererste Gebet der Christen ist das Gebet zum Vater im Himmel, das Jesus uns anvertraut hat.

Er war der einzige, der es uns geben konnte, denn niemand kennt den Vater als der Sohn, der von ihm herkommt, und der, dem es der Sohn offenbaren will:

> «Ich bin der Weg,
> die Wahrheit und das Leben,
> niemand findet den Vater
> ausser durch mich.»
> Joh 14,6

+

Das ganze Evangelium hindurch hört Jesus nicht auf, uns seinen Vater zu offenbaren und die innigsten Beziehungen, die den Vater und den Sohn vereinen.

Er ist dessen lebendige Ikone, Gott von Gott, Licht vom Licht, wahrer Gott vom wahren Gott. In allem, was er ist, was er tut und was er sagt, erscheint uns wie in der Durchsicht der Wille des Vaters, seine Güte, seine Weisheit, seine Barmherzigkeit und seine unmittelbare Gegenwart:

> «Philippus... wer mich gesehen hat,
> hat den Vater gesehen...

Glaubst du nicht, dass ich im Vater bin,
und dass der Vater in mir ist?
Die Worte, die ich zu euch sage,
rede ich nicht aus mir.
Der Vater, der in mir wohnt,
vollbringt die Werke.»
Joh 14,9–10

Jesus begnügt sich nicht, den Vater denen zu offenbaren, die er ihm gegeben hat. Er gibt ihnen Macht, Kinder Gottes zu werden. Er teilt ihnen eine kindschaftliche Gnade mit, die ganz auf den Vater ausgerichtet ist. Sie ist nach ihm gebildet und von seiner Kindschaft abhängig, so dass wir nur als Glieder Christi unsere eigene Kindschaft leben.

Unter dem Einfluss des Heiligen Geistes nennen auch wir unseren Vater im Himmel Abba, mit diesem Namen, der Jesus so vertraut war:

«Der Beweis, dass ihr wirklich Söhne seid,
ist, dass Gott in eure Herzen
den Geist seines Sohnes gesandt hat,
den Geist, der ruft: 'Abba, Vater'.»
Gal 4,6

+

Dann verlegt Jesus alle Sorgfalt darauf, uns zu lehren, unsere Gotteskindschaft so auszudrücken, wie er es tut. Er schöpft aus seinem eigenen Beten vor dem Vater das, was auch in unserem Herzen entspringen und auf unsere Lippen kommen soll:

Wir vergessen uns selbst. Mit der ganzen Kraft unserer Kindesliebe verharren wir bei dem, was unsern Vater betrifft. Wir bitten ihn, seinen Namen zu verherrlichen, sein Reich zu verwirklichen, seinen Willen zu tun, wie im Himmel, so auch auf Erden.

Und dann bitten wir ihn, für uns selber und für unsere Brüder weiter das Brot zu vermehren, das Brot der Erde und das des Himmels. Wir bitten um Vergebung der Sünde, für die Jesus gelitten hat, um die Versöhnung der

Brüder, um die Kraft in der Versuchung und im Kampf gegen Satan.

+

Dieses Gebet steht am Anfang unserer allerersten Beziehungen zu Gott dem Vater. Es vertieft sich mit dem Wachsen unserer kindschaftlichen Liebe. Es enthält, sagen die Väter, das Geheimnis aller Heiligkeit.

Es ist der Heilige Geist, der dieses Gebet in unseren Herzen wachsen lässt. Er ist es, der uns den Namen «Abba» auf eine neue Weise aussprechen lässt. Er legt in uns hinein etwas von dieser Aufmerksamkeit, dieser Ehrfurcht, dieser Liebe, die im Sohn Gottes waren, wenn er zu seinem Vater betete.

Kapitel 8: Die Psalmen

Der Geist des Herrn hat ins Herz der Schrift eine Sammlung von Gebeten eingefügt. In dieser Sammlung lernten und lernen die Israeliten heute noch das Beten, und mit ihnen die Christen, im besonderen die Mönche.

Diese Lieder sind nicht nur menschlichen, sondern göttlichen Ursprungs. Denn der Sohn Gottes ist es, das Wort und die Weisheit des Vaters, der den Propheten seinen Geist eingehaucht hat zur Gestaltung dieser Lieder und Gedichte.

Gleichsam als Vorspiel seines Kommens in diese Welt übernahm er das Gebet der Menschen, jene Ängste und Nöte, die er selbst eines Tages teilen sollte, ebenso wie das Staunen und das Lob, das seinem Herzen entströmen wird beim Anblick der Werke Gottes.

Er legte zum voraus in diese Lieder, was er einmal zu sagen und zu singen haben wird, wenn er im Schoss der Jungfrau Maria Mensch geworden ist, bis in die Einzelheiten der Leiden, die er am Holz des Kreuzes tragen wird.

+

Jesus lernt diese inspirierten Lieder von Kindheit an. Die Psalmen bekommen in seiner Person ihren vollen Sinn. Sie werden Ausdruck seiner Sendung, der Kämpfe, die er gegen die Mächte des Bösen führt, seiner Opfergesinnung und seines Lobpreises im Angesicht seines und unseres Vaters.

Er hat diese Psalmen so richtig gesungen, gelebt und verwirklicht, dass er seinen Jüngern das, was ihn in diesen Gedichten betraf, offenbaren konnte. Er ist also nicht gekommen, um sie abzuschaffen, sondern um sie in seinem Leben zu erfüllen, zu vollenden und zu vervollkommnen, indem er die Feinheiten des neuen Gesetzes hinzufügte:

> «Ihr habt gehört, dass gesagt wurde...
> ich aber sage euch...
> Liebet eure Feinde und betet für jene,
> die euch verfolgen,
> damit ihr Söhne eures Vaters seid,
> der im Himmel ist.»
> Mt 5,43–45

+

Wir sind alle berufen, Brüder, am Gebet des Herrn teilzunehmen.

Wir können nichts Besseres tun, als jene Gedichte aufzunehmen, die er selber gesungen hat. Wir leihen ihm unser Herz und unsere Lippen, damit auf unserer Erde das Lob des Menschensohnes weiter erklinge. Das gilt für die ganze Liturgie.

Indem wir das vom Heiligen Geist inspirierte Gebet des Herrn psalmodieren, lernen wir beten. Unsere Anbetung und unser Dank gleicht sich mehr und mehr dem Gebet des Meisters an und fügt sich diesem ein.

Der Sinn der Worte wird uns zuweilen offenbar durch die Erfahrung geistlicher Bedrängnisse, die wir zu erdulden haben. In diesem Fall sind es nicht mehr allein die Kämpfe des Herrn, die wir zu ertragen haben, sondern auch die unsern.

+

Die Psalmen sind auch eine Schule brüderlichen Betens.

Sie drücken die Hoffnungen und die Kämpfe jener aus, die mit uns den Leib des Herrn bilden. Einzelne Verse mögen sich augenblicklich nicht auf uns selber anwenden lassen, aber sie gelten für Christus oder einige seiner Glieder im Schoss der Kirche oder vom ganzen Leib.

Das Leben der ganzen Menschheit, der Heiligen und der Sünder pulsiert in diesen Liedern der Freude oder der Trauer, der Liebe oder des Grolls.

Im Psalmengesang nehmen wir die Stimme der Kleinen und Armen auf, jener, die beten oder nicht beten können, jener, die sich bitter beklagen, und aller jener, die leiden. Alle diese Rufe zum Himmel, bekannte oder unbekannte, müssen wir, Brüder, zu den unsern machen und sie weitertragen zu Gott, dem Vater. Unsere Psalmodie ist Stellvertretung, brüderliche Communio.

+

Sollen die Psalmen nicht nur Lippengebet sein, sondern ein Gebet des Herzens, müssen wir darauf achten, Brüder, dass wir ihre Kenntnis vertiefen. Die alten Mönche haben sie lange und geduldig meditiert.

Kapitel 9: Das Werk Gottes

«Werk Gottes», Werk, das Gott in aller Selbstlosigkeit der Liebe dargebracht wird, Werk, das von Gott selbst eingegeben wird, das ist der schöne Name, den die Regel der Mönche den täglichen Gebetsversammlungen gibt, wo wir alle miteinander dem Vater, dem Wort, dem Geist die Anbetung und das Lob der ganzen Kirche darbringen.

Es ist ein Dialog. Das von den Psalmen inspirierte Gebet ist das Erheben der Herzen zu Gott. Die Lesungen aus der Schrift und der Väter bringen uns die Antworten des Herrn. Wir geben, indem wir psalmodieren. Wir empfangen, indem wir hören.

+

Die ersten Mönche in der Wüste haben auf diese Weise lange Stunden psalmodiert, Tag und Nacht. Intuitiv, vom Heiligen Geist belehrt, haben sie gesehen, dass diese Psalmodie eines der Grundelemente des monastischen Gebetes ist.

Es hat sich in der Tat unermüdlich fortgesetzt, wie ein gewaltiges Rauschen, das von der Erde aufsteigt und durch die Jahrhunderte zieht, ein unaufhörliches Lob, ein fortwährender Bittruf. Es ist der frohe Aufschwung der Welt zu Gott oder im Gegenteil ihr Notschrei, das Stöhnen der Schöpfung unter dem Gewicht der Sünde, ihre Sehnsucht nach der Erlösung im Reich Gottes.

Die Reihe ist an uns, Brüder, diese Psalmodie aufzunehmen. Wenn der Tag anbricht, psalmodieren wir in der Freude das Morgenlob, und wenn der Tag sich neigt das Abendlob. Zwei- oder dreimal am Tag müssen wir die Psalmodie – in kürzerer Form allerdings – wieder aufleben lassen, damit wir uns in die Gegenwart Gottes stellen und in den Dienst, den er erwartet. Ein letztes Gebet, ein letztes Lied vertraut unsere Ruhezeit dem Herrn an. Sogar die Nacht wird unterbrochen. Sie wird dem Herrn geweiht durch eine Zeit für die Psalmodie oder für das stille Gebet.

+

Wir sollten unsere Psalmodie, Brüder, nie beginnen, ohne unser Herz darauf vorbereitet zu haben. Damit die Bewegungen der Lippen geistliche Früchte tragen, ist es richtig, sich zuerst zu sammeln und so ins innere Beten einzutreten.

Man muss sich also im Glauben die sehr reale Gegenwart Jesu, seines Vaters und des Geistes, der das Gebet belebt, vor Augen halten und sich dann in ihrer Gegenwart als Arme und Sünder wissen.

Es ist gut, wenn wir uns auch die Gegenwart der Engelwelt vor Augen halten, da ja, wie der Psalm sagt, in der Gegenwart der Engel die Psalmodie sich zum Himmel erhebt.

Auch an die Einheit, die unter Brüdern herrschen soll, müssen wir denken. Um ein gemeinsames Lobopfer darzubringen, muss man in der Gemeinschaft der Liebe sein.

Dann versenken wir uns in das Herz der Kirche und in die Mitte der Welt, denn zu ihrem Gebet wollen wir ja werden.

+

Wenn nun also unter dem Wirken des Heiligen Geistes sich das Feuer des inneren Gebetes entzündet hat, können wir beginnen, Psalmen zu beten. Die Verse sind wie Reisig, das man in die Flammen wirft: Sie unterhalten das Feuer, erneuern und verstärken es.

Damit die heiligen Worte Zeit haben, tief einzudringen, soll man ohne Übereilung singen. Der Ton sei einfach oder so bekannt, dass alle ohne Schwierigkeiten und grosse Mühe mitsingen können. Alle Formen der Psalmodie können sich eignen. Man wird den Charakter des Psalmes und der Teilnehmer beachten.

Es ist gut, wenn man nach jedem Psalm eine lange Pause macht, damit die Gebetsstimmung des Anfangs, genährt durch das inspirierte Wort, das eben erklungen ist, sich fortsetzen und verstärken kann.

Die Stille ist Aufnahme, Durchdringung und Aneignung des Wortes. Sie gehört zum Psalm: Sie ist seine Verlängerung und seine Verwurzelung im Herzen. Gross ist ihr Gewicht für das Gebet.

Wie verschieden die Psalmen auch sind, die einer nach dem andern über unsere Lippen kommen, sie schmelzen zusammen und werden eins in dieser Zeit der Stille.

+

Wir trennen also nie die Psalmodie vom stillen Gebet. Diese Art der Psalmodie ist sehr alt. Sie inspiriert sich am Geist der ersten Väter und der ersten Eremiten, wie sie in der Verborgenheit ihrer Zelle das inspirierte Wort der Psalmen und der Schrift langsam verkosteten.

Die starken Momente der so begriffenen Psalmodie sind die des Herzensgebetes, sei es, dass dieses in den Augenblicken der Stille aus dem Herzen entspringt, oder

sei es, dass es als Unterton beim Singen der Psalmen oder
bei den Lesungen mitschwingt.

Kapitel 10: Das spontane Gebet im Heiligen Geist

Das Mönchtum ist wesentlich Aufschwung zu Gott in
der Kraft und der Jugendfrische des Heiligen Geistes. Es
ist tatsächlich nur sich selber, wenn es sich dem Wehen
des Heiligen Geistes ganz öffnet.

Es ist die dem Wort lauschende Kirche in der Wüste.
Deshalb muss es mehr als alle andern auf das hören, was
der Geist den Kirchen sagt.

+

Nun erweckt der Geist Gebetsversammlungen, wie es
in den ersten christlichen Gemeinschaften der Brauch
war. Die Klöster, die sich immer nach dem Vorbild der
ersten christlichen Gemeinschaften gestaltet haben, können auch ihre Art zu beten übernehmen, ohne etwas von
dem preiszugeben, was sie sind.

Sie sind im Schoss des Gottesvolkes Heimstätten und
Schulen des Gebetes. Sie haben die Aufgabe, Brüder
aufzunehmen, denen das spontane Gebet im Heiligen Geist
zur Gewohnheit geworden ist, und andere, denen es Freude,
Freiheit, Spontaneität und Offenheit des Herzens bringen
kann.

+

Wenn die Brüder zum «Werk Gottes» versammelt sind,
steht Jesus mitten unter ihnen. Aber er ist nicht weniger
unter ihnen, wenn sie sich zu diesem Gebet in freier und
mehr spontaner Art vereinigen, wo jeder seinen kleinen
Teil in der Einfachheit seines Herzens beiträgt.

Auf Grund unseres Glaubens an die Gegenwart des
Herrn ist uns der Heilige Geist gegeben. Er kann das
Herz des einen oder des andern berühren. Er macht es
auf viele Arten, wie er will. Diese Berührung durch den

«Finger Gottes» gibt dem Gebet aller Sinn und neue Vertiefung. Die mit dem Gebet verbundenen Gnadengaben können sich offenbaren.

Wenn die Brüder in ihrer Lebenshaltung dem Herrn treu sind, kann sich das Wirken Gottes verstärken. Es ist wirklich der Geist, der da ist in ihrem Singen und ihrem Psalmodieren: Jeder empfängt von ihm in ein Herz, das arm ist, als Gabe das Gebet des Sohnes. Er lernt in einem neuen Licht, sich als Sünder zu erkennen, anzubeten, zu danken, einzutreten für die Kirche und für die Welt.

Auf diese Weise bekommt das Gebet seine ganze Kraft der Verkündigung bei denen, die auf der Suche sind. Auch dann, Brüder, entsprechen wir voll der Einladung des heiligen Paulus:

«Singt gemeinsam Psalmen,
Hymnen und Lieder,
wie der Geist sie eingibt.
Singt und feiert dem Herrn
von ganzem Herzen.»
Eph 5,19

+

Die Erfahrung lehrt uns, dass diese Art zu beten niemals der Feier des «Werkes Gottes» schaden kann. Sie verleiht ihm ganz im Gegenteil eine grössere Innigkeit. Sie belebt es, durchdringt es. Sie vermittelt ihm ihre Freude und ihre Wärme.

Sie kann auch für gewisse eine Einführung in das Gebet der Stille sein. Indem wir unseren Brüdern zuhören, lernen wir selber den Herrn ansprechen.

Ja, das Leben der Gemeinschaft erfährt durch dieses Gebet im Geist auch eine Veränderung. Es bewirkt eine gegenseitige Offenheit aller, eine grössere Communio. Wir entdecken in dem, was so ausgetauscht wird, das wahre Gesicht unserer Brüder vor Gott. So vollzieht sich auch leichter die Vereinigung der Herzen in der einen Liebe und im einen Dienst.

Übrigens wird sich die Echtheit dieses und jedes andern Gebetes daran messen, wie die «Frucht des Geistes» im täglichen Leben sichtbar wird.

«Das also ist die Frucht des Geistes:
Liebe, Freude, Friede, Geduld, Güte,
Wohlwollen, Glaube, Sanftmut,
Selbstbeherrschung...
Wenn wir im Geist leben,
dann wollen wir auch unter dem Antrieb
des Geistes wandeln.»
Gal 5,22–25

+

Eine monastische Gemeinschaft wird diese zugleich neue und doch sehr alte Form des Gebetes nicht übernehmen, ohne ihr eine ganz eigene, auf die besondere Berufung der Mönche abgestimmte Note zu verleihen.

Sie sind durch die Schrift, die Psalmen, die Liturgie geformt und fügen diesem Gebet etwas Bedeutendes hinzu: ihre Bestimmtheit im Ausdruck des wahren Glaubens, ihre erprobte Gebetserfahrung, ihre Liebe zur Stille, ihr Ausharren in der Zeit der Dürre, wenn der Geist verstummt.

Ort und Häufigkeit dieser Gebetsversammlungen werden bestimmt durch den Ruf der Gnade und die Bedürfnisse der verschiedenen Gemeinschaften. Sie sollen nie ein Gegenstand der Trennung werden, sondern ein Ferment der Einheit und der Wärme, des gegenseitigen Verstehens und des Ertragens der verschiedenen Charaktere.

In einer kleinen Gruppe kann diese Art zu beten leichter alle Brüder erfassen, zur täglichen Übung werden oder sich mit den andern Gebetszeiten verbinden.

Kapitel 11: Das Gebet im Verborgenen

Der Herr fordert uns nicht nur zum gemeinsamen Gebet mit den Brüdern auf. Er erwartet, dass wir auch allein in seiner Gegenwart und in der Gegenwart seines Vaters verweilen können.

Es ist das Gebet «im Verborgenen», wovon er im Evangelium spricht und uns vor allem das Beispiel gegeben hat:

> «In aller Frühe, als es noch dunkel war,
> erhob er sich und ging hinaus
> und begab sich an einen einsamen Ort,
> und dort betete er.»
> Mk 1,35

+

Dieses Gebet muss in uns das werden, was es in der Person des Herrn war: ein Bedürfnis des Herzens, in der Liebe und in der innigsten Vertrautheit mit Gott zu leben.

Es ist unsere Hingabe an den Vater, das Wort und den Geist. Es ist auch das Opfer der Zeit, über die wir verfügen: Man findet immer einen Augenblick, um denen zu begegnen, die man liebt.

Dieses Gebet gilt Gott allein. Um ihm diesen Charakter der Selbstlosigkeit und diese Reinheit der Absicht zu erhalten, fordert Jesus uns auf, es frei zu bewahren von jeder Gelegenheit, dabei eine menschliche Genugtuung zu finden:

> «Wenn ihr betet,
> macht es nicht wie die Heuchler,
> die es lieben,
> öffentlich in den Synagogen
> und auf den Strassen zu beten...
> Wenn du betest,
> ziehe dich in deine Kammer zurück,
> schliesse die Türe hinter dir

und bete zum Vater,
der da ist, im Verborgenen,
und der Vater, der ins Verborgene sieht,
wird es dir vergelten.»
Mt 6,5−6

+

Diese Einladung, im Verborgenen zu beten, richtet Jesus an alle Christen.

Aber einzelne unter ihnen können davon mehr betroffen sein als andere. Wir sehen, wie der Herr einige seiner Jünger in sein einsames Gebet miteinbezog. Er wirft ihnen vor, dass sie nicht den Mut hatten, «eine Stunde» mit ihm zu beten. Geheimnisvolle Mitarbeit, die Jesus im Verlauf der Jahrhunderte auch von vielen andern verlangte.

Zu dieser Mitarbeit fordert er die Mönche auf. Dieses einsame Vor-Gott-Stehen gehört wesentlich zu ihrer Berufung, ebensosehr und noch mehr als die Psalmodie oder jedes andere gemeinsame Gebet. Sie entspricht dem, was ihr Name bezeichnet, dem, was sie in der Kirche unterscheidet.

Das Warten auf das Gebet

Wir müssen, Brüder, in der Erwartung dieser Begegnung mit dem Herrn leben. Wenn wir aufhören, uns nach ihr zu sehnen, ist das ein Zeichen dafür, dass unser Herz nicht mehr auf Gott gerichtet ist. Wir hören auf, wirkliche Mönche zu sein.

Aus Ehrfurcht zu Gott wählen wir für dieses Gebet jene Zeit des Tages, in der wir am besten dafür disponiert sind, und wir bereiten uns während den vorhergehenden Stunden darauf vor. Wenn diese aber nicht gut gewesen sind, haben wir um so mehr Grund, vor Gott, unserem Vater, zu erscheinen.

Das Gebet, das Gott gefällt

Das Gebet, das Gott gefällt, ist jenes, das der Heilige Geist in unserem Herzen formt. Kindliches Plaudern, ganz spontan, ganz einfach und auch sehr frei, mit dem Vater, mit Jesus und mit dem Geist selbst.

Wir dürfen uns nicht fürchten, geduldig unter ihrem Blick zu verweilen und auch selber sie mit viel Liebe anzuschauen, im Schweigen und im Warten auf das Wort. Denn wir haben mehr zu empfangen als zu geben.

Wenn die Aufmerksamkeit nachlässt, können wir, wie Jesus in Gethsemane, irgendein mündliches Gebet wiederholen, irgendeinen Vers aus den Psalmen, eine Stelle aus der Schrift lesen oder aus irgendeinem Buch, das unmittelbar zum Gebet führt. Oder wir können auch, wie die Jungfrau Maria, unsern Blick auf das eine oder andere Geheimnis ihres Sohnes lenken oder eine Ikone betrachten.

Dieses kindliche Gebet, so spontan es ist, darf sich deshalb nicht von jenem Gebet des Zöllners im Evangelium unterscheiden. Unter dem Blick Gottes, der besser als wir den Grund unserer Herzen kennt, müssen wir uns unseres Elendes bewusst werden, all unserer Schwächen und unserer Fehler. Die Flamme des wahren Gebetes kann sich nur auf dem Fundament der Wahrheit, der Demut, ja sogar der tiefen Demütigung erheben.

Wir müssen uns auch erinnern, Brüder, dass unser Gebet sich an Gott richtet: Es muss jedes Sich-gehen-Lassen ausschliessen. Man muss sich, sagen die Väter, «tapfer halten und kraftvoll beten».

Weg der Freude und Weg der Dürre

Wer mutig im Gebet ausharrt, schöpft daraus Friede und Freude, diesen Frieden und diese Freude des Herzens, die nur der Herr geben kann. So können wir wirklich mit Petrus sagen: «Es ist gut für uns, dass wir hier sind.»

Aber das Gebetsleben kennt auch schwierigere Zeiten. Wir haben den Eindruck, dass wir im Dunkeln sind, in einer dürren und wasserlosen Wüste. Um unter diesen Bedingungen vor Gott zu verweilen, braucht es viel Mut, viel mehr als für irgend etwas anderes, das wir in seinem Dienst tun. Man möchte alles aufgeben, um einer nützlicheren Beschäftigung nachzugehen, aber die Stimme des Herrn ist da: «Bleibt hier, wachet und betet.»

Möglichkeiten des Schweigens Gottes

Wir können verantwortlich sein für das Schweigen Gottes. Die Trockenheit und der Überdruss in unseren Beziehungen zum Herrn können das Zeichen sein, dass wir unseren Schatz und unser Herz anderswo haben. Bande, die wir nicht zerschneiden wollen, können eine Stockung in unserem Gebetsleben hervorrufen. Und noch mehr die Ablehnung der Vergebung.

Die Zeiten der Dürre können auch eine diskrete Einladung des Herrn sein zu einem Dienst, der weniger eigennützig ist. Es geht darum zu erfahren, ob wir Gott um seiner selbst willen dienen oder einfach um der Freude willen, die wir in ihm finden.

In der Tat sind die Zeiten der Trockenheit oft Zeiten der Gnade. Sie bieten die Gelegenheit zu einer absichtsloseren und stärkeren Entscheidung für den Herrn. Sie sind das Werkzeug zur Reinigung des Herzens im Dunkel des Glaubens, ein Teilnehmen an den Stunden der Verlassenheit, die Jesus erfahren wollte.

Sie können die Wirkung einer geheimnisvollen Gegenwart Gottes sein, Gegenwart in der Wolke, die wir jetzt noch nicht fassen können.

Der Fortschritt im Gebet

Der Bruder, der betet, ist vereinigt mit dem Vater, dem Wort und dem Geist, die in ihm sind. Je mehr er im Gebet verharrt, um so dauerhafter und tiefer ist seine Einheit mit Gott.

Unsere ersten Väter waren der Ansicht, dass es so viele Stufen der Vereinigung mit Gott im Gebet gibt, als es Stufen der Reinheit des Herzens gibt, nämlich unzählbare.

Wir müssen der Erfahrung der Heiligen Rechnung tragen, die uns ihren eigenen Weg beschrieben haben, aber wir müssen immer, nach der Art der monastischen Regel, unsern Fortschritt im Gebet an den Früchten abschätzen, die es in unserem Leben bringt.

Die Begegnungen

Wenn wir im Gebet wirklich den Herrn suchen, stossen wir früher oder später mit dem Dämon zusammen, wie

Jesus in der Wüste. Die Geschichte der Heiligen bezeugt die Zähigkeit, die er entwickelt, um uns von allen Beziehungen mit Gott abzulenken. In ihr Innerstes jedoch vermag er nicht einzudringen.

Unser Gebet dagegen versetzt uns in die Welt der treuen Engel. Jeder von uns, sagt der Herr, ist der Obhut eines von ihnen anvertraut. Dieser schaut das Antlitz unseres Vaters, der im Himmel ist.

Wenn wir unsererseits in das Verborgene gehen, um zu beten und den Vater zu schauen, treten wir ein in das Leben des Engels. Ohne dass wir es merken, kann er an unserem Gebet teilnehmen, es erleuchten und stützen. Ein Engel hat in Gethsemane das Gebet Jesu unterstützt.

Ebenso führt uns unser Gebet in das Leben jener Brüder ein, die schon vor Gott sind. Die ganze himmlische Kirche holen wir ein, wenn wir beten, aber als Glieder der Kirche auf Erden, als Zeugen ihres Glaubens und ihrer Hoffnung.

Kapitel 12: Das immerwährende Gebet

Jesus lädt uns ein, ununterbrochen zu beten. Wir dürfen also nicht aufhören zu beten, wenn die Psalmodie oder die Stunden der Einsamkeit vor Gott beendet sind.

Wer nur dann betet, wenn er betet, kann noch nicht beten, pflegten unsere Väter zu sagen.

+

Wir könnten nicht aus uns selber aufmerksam bleiben vor Gott. Aber der Geist des Herrn wohnt in uns. Er schläft und ruht nicht, sagt der Psalm. Er will nichts anderes als uns an seine Gegenwart erinnern, uns wach halten.

Brüder, wenn wir seine Stimme hören, wollen wir unser Herz nicht verhärten, auch wenn er von uns einen Verzicht verlangt. Je prompter und grossmütiger unsere Antwort ist, desto häufiger wird der Dialog, und wenn Gott will, sogar dauernd.

Eine Verweigerung verursacht ein Verstummen, eine Leere in unserem Gebetsleben, einen plötzlichen Stillstand, der weitere und immer häufigere Unterbrechungen nach sich ziehen könnte. Gott könnte seinerseits schweigen.

Die Stimme des Heiligen Geistes ist nicht immer die, die am lautesten klingt. Gott drängt sich nicht auf. Er spricht nicht im Gewitter, auch nicht im Erdbeben und auch nicht im Feuer, sondern im Hauch eines sanften Wehens. Wenn wir immer unser Herz diesem Hauch des Geistes öffnen, wenn wir gelehrig sind seinen Forderungen gegenüber, werden wir so weit kommen, dass der Dialog mit Gott andauert.

+

Die Väter lehren uns, dass wir uns auf diesen Dialog auch dadurch vorbereiten können, dass wir ein kurzes Gebet immer wiederholen. Das ist ein kurzer Anruf, ein Schrei des Herzens, unermüdlich wiederholt, «bei der Arbeit, in den verschiedenen Aufgaben, unterwegs, ob man isst oder schläft». Er muss sich in uns immer wiederholen wie das Atmen.

In diesem kurzen Anruf wird der Name Jesus ausgesprochen, dieser wahrhaft heilige Name, vor dem sich jedes Knie auf Erden, im Himmel und in der Unterwelt beugen muss.

Wenn man den Saum am Gewand des Herrn berührte, ging eine Kraft von ihm aus und heilte die Gebrechen. Sein Gewand haben wir nicht mehr, aber wir haben seinen Leib und sein Blut, die Möglichkeit, seinen Namen auszusprechen, gläubig, mit Liebe, indem wir, vom Heiligen Geist ergriffen, erkennen, dass er wahrhaft «der Herr» ist.

Petrus und Johannes am Eingang des Tempels, alle Apostel und die Heiligen haben die Kraft dieses Namens angewandt, um die Kranken zu heilen und die Dämonen zu vertreiben. Der Herr selbst lädt uns dazu ein:

«Wenn ihr in meinem Namen
um etwas bittet,
werde ich es tun.»
Joh 14,14

Es gibt viele Christen und Mönche, die sich heiligen, indem sie unermüdlich den Namen Jesus aussprechen.

Die einen sprechen nur den Namen aus. Andere fügen eine Anrufung hinzu, die die unmittelbare Hilfe Jesu erfleht, für den Augenblick, in dem sie gerade stehen, für die Arbeit, die sie tun werden, zum Beispiel:

«Jesus, Erlöser, komm mir zu Hilfe.»

Andere, zahlreicher, fügen dem Namen des Herrn das Glaubensbekenntnis des Petrus hinzu, den Schrei des Blinden und das Gebet des Zöllners. Eine heilige Formel, die uns in die Tiefe der Demut und der Liebe einführt:

«Jesus, Sohn Gottes,
erbarme dich über mich Sünder.»

Einige andere, die die Gnade auf das Wohnen Gottes in uns aufmerksamer gemacht hat, rufen den Heiligen Geist an. Der Geist nun spricht unablässig sowohl den Namen des Vaters, «Abba», als auch den Namen Jesus in unserem Herzen aus. Diese beiden Namen sind so innigst miteinander verbunden, dass der eine den andern ruft. Das ganze Leben der Dreifaltigkeit bekundet sich in uns.

Diese verschiedenen Arten schliessen sich nicht aus. Jeder von uns muss der Gnade folgen, die der Herr ihm gibt.

+

Andere fühlen sich nicht berufen, regelmässig auf diese Art zu beten oder gar es unaufhörlich zu wiederholen. Es ist nicht der einzige Weg, der uns zum immerwährenden Gebet führen kann.

Dieses ist eine freie Gabe Gottes. Zuerst ist es nur für kurze Augenblicke da, dann für längere Zeit. Es kann zur Gewohnheit werden, wenn Gott uns diese Gnade erweist. Es ist erhaben über alle Formeln und jede Gewöhnung an bestimmte Worte, eine beständige Liebesbeziehung zu dem, der nicht aufhört, uns seine Gegenwart fühlen zu lassen.

Es ist uns gegeben, uns der Fäden, die uns mit Gott vereinigen, bewusst zu werden, die Quelle wahrzunehmen, die uns Sein, Leben, Erkennen und Liebe vermittelt.

Jedes Gebet, wie kurz es auch ist, sucht aus dieser Quelle zu trinken. Das immerwährende Gebet aber lässt sich an dieser Quelle lebendigen Wassers nieder und weicht nicht davon. Wir leben und handeln durchwegs unter dem Blick des Vaters, vereint mit Jesus, fügsam gegenüber dem Heiligen Geist.

Gerade in dieser dauernden Aufmerksamkeit gegenüber Gott liegt nach der Ansicht der Väter die Vollendung des Mönchtums.

Kapitel 13: Das Gebet während der Arbeit

Es ist nicht leicht, unaufhörlich im Gebet zu verweilen, während man mitten in den Beschäftigungen des Alltags steckt, besonders wenn sie viel Aufmerksamkeit verlangen oder uns fesseln.

Wir werden uns oft demütig sagen müssen, Brüder, dass wir es wieder vergessen und über Stunden gearbeitet haben, als gäbe es Gott nicht mehr.

+

Wir wollen uns Mühe geben, der Tatsache immer recht bewusst zu bleiben, dass der Vater, das Wort und der Geist in uns gegenwärtig sind.

Die Stunden der Einsamkeit und des Schweigens, die Zeit, die dem Gebet und dem Hören des Wortes gewidmet sind, schaffen, wenn man sie intensiv erlebt, eine Stimmung der Aufmerksamkeit und der Sammlung, die während der Arbeit andauern und diese durchwirken kann.

In ihrem Verlauf bringt die Psalmodie der «kleinen Horen» oder das Jesusgebet uns wieder dazu, an den Herrn zu denken.

+

Wir dürfen nicht immer versuchen, in uns ein Gebet zu tragen, das unabhängig wäre von der Aufgabe, die uns anvertraut ist. Diese Aufgabe und dieses Gebet wären wie zwei übereinandergelagerte Tätigkeiten, die zur selben Zeit ausgeführt werden müssten: Sie laufen Gefahr, sich gegenseitig zu schaden.

Besser ist es, wenn wir das, was wir zu tun haben, benützen, um unser Herz im Herrn zu verankern. Wir sehen ja in der Arbeit, die er uns gibt, seinen Willen und führen sie so unter seinem Blick in Gehorsam und Einfachheit aus.

+

Das eigentliche Geheimnis des immerwährenden Gebetes, zur Zeit der Arbeit oder zu jeder andern Zeit, liegt in der Liebe: Man denkt ununterbrochen, was auch immer man tut, an den, den man glühend liebt.

Gerade in dieser Glut der Liebe, Brüder, sollen wir den Herrn suchen, an jedem Ort, in jeder Begegnung, in jeder Beschäftigung den Tag hindurch.

«Habt ihr den gesehen,
den mein Herz liebt?»
Hl 3,3

Kapitel 14: Das Gebet während der Nacht

Jesus fordert uns auf, zu beten und zu wachen. Der monastische Orden hört diesen Appell, er entspricht seiner Berufung. In Übereinstimmung mit einer langen Tradition heiligt er die Nächte, weiht sie Gott, gestaltet sie nach dem göttlichen Gebot, indem er psalmodiert und das Wort verkündet, stellvertretend für die Kirche und die Welt. Dieser Gottesdienst der Vigilien findet bei den einen am Anfang der Nacht, bei andern um Mitternacht oder vor dem Morgengrauen statt.

+

Wieder andere geben diesem nächtlichen Gebet den Charakter einer einsamen Wache, eines Gebetes in der Stille. So hat Jesus in der Nacht gebetet. Er betete allein, und manchmal widmete er die ganze Nacht dem Gebet.

Er zog sich am Abend auf den Berg zurück oder suchte vor Tagesanbruch irgendeinen einsamen Ort auf.

Wenn die Jünger ihn begleiteten, wahrten sie einen gewissen Abstand. Wir reihen uns ein unter diese Jünger. Wie Petrus, Jakobus und Johannes sind wir berufen, mit Jesus zu wachen.

+

Die Art, wie der Herr wachte, ist in Harmonie mit dem Geheimnis der Nacht, wo nach dem Willen des Schöpfers alles Sammlung und stille Vorbereitung ist.

Im Schweigen aller Dinge gibt es so etwas wie eine unmittelbare Wahrnehmung Gottes: Jene Stunden, wo das Wort sich der Erde schenkte, sind die bevorzugte Zeit, wo das Göttliche sich mitteilt. Dies ist der Augenblick des Schweigens, der Anbetung, des Hörens: «Sprich, Herr», sagte Samuel, «dein Diener hört.»

Es ist auch der Augenblick, sich für das Warten und Wachen zu üben, dem der Herr mehrere Gleichnisse gewidmet hat. Sie beziehen sich in ganz besonderer Art auf die Stunden der Nacht:

> «Lasst eure Lenden gegürtet
> und haltet eure Lampen angezündet.
> Seid wie Leute,
> die ihren Meister erwarten,
> wenn er von der Hochzeit kommt,
> und ihm öffnen,
> sobald er ankommt und anklopft.
> Glücklich die Diener,
> die der Meister bei seiner Ankunft
> wachend findet...
> Wenn er bei der zweiten und dritten Wache
> ankommt
> und sie so findet,
> glücklich sind sie.»
> Lk 12,35–38

+

Wenn sie auch einsam ist, diese Wache, so hat sie doch auch, wie bei Jesus, einen gemeinschaftlichen, ja kirchlichen Aspekt. Wir wissen, Brüder, wie das Schweigen der Nacht aufmerksam macht auf die Welt, die im Schlaf ist.

Wie die Hirten der Weihnacht, wie der Wachoffizier auf seinem Posten oder der Wächter, der auf das Morgenrot wartet, fühlt sich der Bruder, der wacht, verantwortlich für die monastische Gemeinschaft, deren Hüter er ist, für die Bevölkerung, die rund um das Kloster wohnt, für das Bistum, für die ganze Kirche.

Durch sein Gebet tritt er in Gemeinschaft mit den grossen monastischen Orden, die die Vigilien beten.

Er wird an die Sterbenden denken, an die, die sich ihrer Pflege widmen, und an viele andere, die zu dieser Zeit einer Arbeit nachgehen müssen, um ihren Lebensunterhalt zu verdienen.

+

Dieses einsame Gebet in der Nacht passt sich den Möglichkeiten eines jeden an.

Die Brüder von schwächlicher Gesundheit halten vielleicht nur einmal wöchentlich eine solche, etwas kürzere Nachtwache. Die Robusteren unter ihnen setzen sich stärker ein, damit wenn möglich jede Nacht ein oder mehrere Brüder im Namen aller Wache halten.

Die einen, nach dem Beispiel Jesu, verlängern den Abend oder stehen früher auf. Andere schrecken nicht davor zurück, den Schlaf zu unterbrechen.

Die Brüder, die Schwierigkeiten haben, wach zu werden oder allein zu bleiben, können gemeinsam mit andern wachen. Drei Jünger begleiteten Jesus auf den Tabor und in den Gethsemane.

+

Aber es gibt eine Nacht, diejenige, die dem Sonntag vorausgeht, in der wir alle gemeinsam wachen müssen.

Die ersten Christen haben diese Nacht immer dem Warten auf die Wiederkunft des Herrn geweiht und der

Feier des «Gedächtnisses», das seinen Tod verkündet, seine Auferstehung und sein Kommen in Herrlichkeit.

Diese Wache kann schweigend verbracht werden oder auch mit Lesungen und Gesängen. Sie kann vor dem Allerheiligsten gehalten werden oder ihre Krönung im eucharistischen Opfer finden.

Kapitel 15: Die Riten, die das Gebet begleiten

Im Geist und in der Wahrheit müssen wir unserem Vater im Himmel den Kult erweisen, den er will. Nun aber wäre unser Kult nicht voll und ganz wahr, wenn unser Leib und unsere Sinne nicht die Rolle spielten, die ihnen zukommt. Der ganze Mensch muss beten.

+

Das Gebet, auch wenn es im stillen verrichtet wird, darf nicht immer jeden Ritus ausschliessen. Jesus warf sich in Gethsemane zu Boden, als er betete. Unsere Körperhaltung und bestimmte Gebärden können das Gebet nicht nur ausdrücken, sondern auch stützen, vor Zerstreuungen bewahren und ihm sogar grössere Kraft verleihen.

Wer an Zerstreuungen scheitern würde, kann mit diesen Gebärden den Schwung seines Herzens wiederfinden. Er bezeugt so, wie ernst ihm sein Anliegen ist.

+

Im Chorgebet, in der Feier der Eucharistie wird unsere Liturgie sehr einfach sein, so entspricht es unserer geringen Zahl, unserer Stellung als Laien in der Kirche, unserem verborgenen Leben. Aber an Wärme darf es ihr nicht fehlen.

Um unserem Beten besser Ausdruck zu geben, halten wir uns an die traditionellen Riten, die wahrscheinlich auch universell sind, leiten sie sich doch vom Wasser, vom Licht, vom Weihrauch her.

Um unsere Psalmodie freudiger zu gestalten, werden wir auch einige schlichte Instrumente brauchen:

«Lobt ihn mit Harfe und Zither,
lobt ihn mit Pauken und Tanz,
lobt ihn mit Flöten und Saitenspiel!»
Ps 150,3–4

+

Das Oratorium des Klosters, die Gebetsstätte, sei nüchtern und schön.

Wenn das Allerheiligste da ist, wird es mit Licht, mit Zeichen der Ehrfurcht und der Ehrerbietung umgeben. Einige Bilder oder Ikonen tragen dazu bei, dem Ort einen sakralen Charakter zu geben. Sie bringen die unsichtbar gegenwärtigen Wirklichkeiten, die, wo es sich um Gott handelt, zuallererst in der Eucharistie und in unserem Herzen sind, in den Bereich unserer Augen und unserer Sinne.

Kapitel 16: Das Fasten, das das Gebet begleitet

Jesus wollte fasten während der vierzig Tage in der Wüste, die er in Gebet und Schweigen verbrachte.

Die Christen und mit ihnen die Mönche sind auch berufen, mit ihrem Gebet zuweilen das Fasten zu verbinden. Denn das Fasten ist einer der Riten, die das Gebet begleiten können, es für Gott reiner und wohlgefälliger machen.

+

Seit der Auffahrt des Herrn sind wir die zur Hochzeit geladenen Gäste, die noch ohne den Bräutigam sind.

Unser Fasten lässt uns über die irdischen Wünsche hinausgelangen, an die Schwelle jener unsichtbaren und geistlichen Welt, wo sich von nun an der Bräutigam aufhält. Indem es uns vergeistigt, bereitet es uns darauf

vor, in sein Reich einzutreten. Es ist Vorausnahme dieses
Reiches. Es kündet sein Kommen an, das für jeden von
uns ganz nahe ist.

Solange das Fasten dauert, stehen wir an der Schwelle,
losgelöst von der Nahrung dieser Erde, wie eine lebendige
Bitte um die Nahrung, die von oben kommt, vom Vater,
vom Wort, vom Geist:

«... ich werde Hunger ins Land schicken,
nicht Hunger nach Brot
oder Durst nach Wasser,
sondern danach,
das Wort Jahwes zu hören.»
Am 8,11

+

Für uns Mönche ist das Fasten auch ein Teil der
Einsamkeit.

Denn unsere Einsamkeit, wie die Jesu, besteht nicht
nur in der Abwesenheit von Leuten, sondern manchmal
auch von Dingen, die für das Leben wichtig sind.

Wenn wir in der Nachfolge des Herrn in diesem volleren
Sinn in die Wüste gehen, dann tun wir es, um mit freierem
Herzen unserem Vater im Himmel zu begegnen. Es wird
mit vollem, gerütteltem, überfliessendem Mass die ganze
Leere ausfüllen, die die Einschränkungen in uns hinter-
lassen haben:

«Glücklich ihr, die ihr jetzt Hunger habt,
ihr werdet gesättigt werden.»
Lk 6,21

+

Nach dem Beispiel des Herrn dürfen wir nie unser
Fasten von der Begegnung mit Gott im Gebet trennen,
denn das Fasten ist Vorbereitung auf das Gebet. Ohne
diese Beziehung zum Gebet wäre es nichts als eine Übung
der Selbstbeherrschung. Es verlöre seinen heiligen
Charakter.

Das gleiche gälte, wenn wir das Fasten von der Sühne
für unsere Sünde und die Sünde der Welt trennten. Es

ist Teil des Heilsgeheimnisses. Das Fasten Jesu in der Wüste gehört bereits zur Passion. Der Herr nimmt dieses Fasten nach dem Abendmahl wieder auf bis in den Durst, den er am Holz des Kreuzes erlitt. Er hat nicht für sich selbst gefastet, sondern für uns, für die Armen, mit denen er Hunger und Durst geteilt hat, um den Hochmut des Fleisches zu sühnen, um uns von den Begierden, von unserem Egoismus zu befreien.

An seinem Fasten teilnehmen, heisst auch mit ihm über den Dämon zu siegen, ihm einen Stützpunkt wegzunehmen, dessen er sich gegen uns bedient: die Schwachheiten, die Begierden, die Exzesse des Fleisches und des Blutes. Es gibt Dämonen, sagt der Herr, die man nur vertreiben kann, indem man das Beten mit dem Fasten verbindet.

+

Das Fasten des Christen, das Fasten des Mönchs ist untrennbar von demjenigen Christi. Es gehört Christus.

Es geht darum, diese doppelte Gebärde der Loslösung von sich und der Bindung an Gott, wie sie das Fasten und das Beten Jesu in der Wüste und am Kreuz darstellten, in seinem Namen weiterzuführen.

Nicht nur für uns müssen wir diese doppelte Gebärde erneuern, sondern für den ganzen Leib des Herrn, der seine Kirche ist. Das Fasten hat seine ganze Bedeutung in der gemeinschaftlichen und kirchlichen Feier.

Kapitel 17: Die Geheimnisse des Herrn

Hören wir, Brüder, auf den vielgeliebten Sohn, den der Vater uns sendet. Seine Worte, seine Taten, seine Gebärden, alle Ereignisse seines Lebens, die unsere Väter seine «Geheimnisse» genannt haben, sind die Nahrung unseres Gebetslebens.

+

In der Liturgie, in den Sakramenten, in der Eucharistie vor allem erleben wir sie wieder mit ihm, da wir ja Glieder seines Leibes sind.

Die Feiern der Kirche sind nicht nur blosse Gedächtnisfeiern. Sie vergegenwärtigen uns wirklich die Geheimnisse Christi, das, was sie an Ewigem haben. Auch wir können ebenso wirklich daran teilnehmen, wie wenn wir sie mit unseren Augen gesehen und mit unseren Händen berührt hätten: «Glücklich jene», sagt der Herr, «die nicht gesehen und doch geglaubt haben.»

Diese Feiern bringen uns deshalb auch den Reichtum, der in den Geheimnissen enthalten ist. Es gibt keine Weihnacht, die uns nicht die Gnade der Sohn- und Kindschaft bringt, kein österliches Fest, das uns nicht in die Auferstehung führt, kein Pfingsten ohne Ausgiessung des Geistes des Herrn.

Unser ganzes Leben auf Erden, das der Christen in der Welt, das der Mönche in ihrer Einsamkeit, wird also abgesteckt, erleuchtet und verwandelt durch die Geheimnisse des Herrn.

+

Der Heilige Geist hat in der Kirche noch eine andere, ganz einfache Art, uns an die Geheimnisse des Herrn zu erinnern

Niemand hat sie besser gekannt als die Jungfrau Maria. Sie hat das Wort des Lebens geboren und bis auf Golgotha begleitet und alles in ihrem Herzen bewahrt und betrachtet.

Deshalb können wir Maria anrufen, indem wir unseren Blick und unser Herz auf die Geheimnisse ihres Sohnes richten. Ein Gebet, in dem die Kleinen und Armen eine Entfaltung des Lebens und eine grössere Liebe erfahren, als ob der Geist, der das Herz Marias erleuchtete, auf ihre Bitte hin auch unser Herz erleuchtete.

Ein Gebet, wozu die Jungfrau uns aufgefordert hat und das sie selber ihrem Sohn und dem Vater des Himmels darbietet.

Kapitel 18: Das Opfer des Herrn, das alles Beten erfüllt

Das Gebetsleben gelangt zur Vollendung in der Hingabe an Gott, das heisst im Opfer.

Das war so für die Patriarchen im Warten auf den Messias. Das war so für Jesus. Sein ganzes Leben ist ausgerichtet auf die «Stunde», für die er gekommen ist, das Opfer, in dem er sich als Opfergabe dem Vater hingibt.

+

Das Opfer Jesu, beim Abendmahl und am Kreuz dargebracht und in jeder unserer Eucharistiefeiern, geht uns alle an.

Es ist für uns die allererste Quelle des Heils und der Vergebung. Es ermöglicht uns alle jene innersten Beziehungen, die uns mit dem Vater vereinigen: Liebe und Anbetung, Dank und Lob bis hinab zu den schlichtesten Bitten.

Im Innersten des Opfers Jesu finden diese Beziehungen ihren reinsten Ausdruck, denn sie sind darin vom Herrn selbst übernommen, eingefügt in die seinen, gereinigt in seinem Blut, Gott dem Vater dargebracht durch ihn, mit ihm und in ihm.

+

Vereinigt um den Altar müssen wir dem, was uns voneinander trennt, entsagen. Dies ist der Wille des Herrn: «Lass deine Gabe stehen... geh und versöhne dich mit deinem Bruder.»

Dann bringen wir in der Eintracht der Liebe, in der Gemeinschaft der ganzen Kirche unserem Vater im Himmel die heilige, für die vielen dahingegebene Opfergabe dar, Christus Jesus, auferstanden von den Toten, lebend in der Herrlichkeit.

Augenblicke innigster Beziehung mit dem Vater: Wir haben in unseren Händen den Leib und das Blut des vielgeliebten Sohnes, wir haben auf unseren Lippen die Worte der Opferung der Kirche.

Augenblicke der innigsten Beziehung unter uns. Es gibt nur ein Brot. Wir nehmen teil an diesem einen Brot. Wir bilden einen einzigen Leib in Christus.

+

Im Opfer Jesu ist das unsere eingeschlossen: unser Gott geweihtes Leben, unsere Entsagung, unsere Leiden und mehr noch unser Tod. Diese Einbeziehung ist zum voraus geschehen am Kreuz, wo Jesus das Leben und das Leiden der Glieder seines Leibes auf sich genommen hat, um daraus für seinen Vater ein einziges Opfer zu machen.

Dennoch, am Kreuz war Jesus der «einzige aus allen Völkern, um die Kelter zu treten». Nicht so im eucharistischen Opfer. Dieses wird durch die ganze Kirche dargebracht, und die ganze Kirche bringt sich mit Jesus dar.

Die Eucharistie vergegenwärtigt also gleichzeitig das Leiden Jesu und die Leiden jener, die jetzt das erfüllen, was an seinen eigenen Leiden noch fehlt. Sie vergegenwärtigt die Auferstehung Jesu: Sie bereitet die Auferstehung der Glieder seines Leibes vor. Sie enthält mit dem Gebet und der Danksagung Jesu auch das Gebet und die Danksagung der Seinen.

Es genügt nicht, beim Opfer, in dem der Herr sich für uns darbringt, dabeizusein. Jeder von uns muss daran teilnehmen, nicht nur durch sein Gebet, sondern durch sein Leben. Es ist das Opfer der ganzen Kirche, das Opfer, das sie erneuern muss, «bis er kommt».

+

Um sein Kommen zu beschleunigen, um seinen Vater zu verherrlichen, haben wir kein sichereres Mittel als die Darbringung des eucharistischen Opfers.

Jedesmal, wenn wir den Leib und das Blut des Herrn darbringen, erfüllt sich das Werk der Erlösung in der Welt: die Vergebung der Sünden, der Übergang zum neuen Leben, die Erneuerung des Bundes Gottes mit seinem Volk.

Selbst wenn es in der Wüste gefeiert wird, geschieht das Gedächtnis des Todes und der Auferstehung des Herrn in der ganzen Kirche. Wie wenige wir auch sein mögen, es verbindet uns mit dem ganzen Volk Gottes.

+

Die Eucharistie schliesst ab mit einem Mahl: «Nehmt und esst alle davon.»

Dieses ist «Gemeinschaft am Altar», Teilnahme am Opfer. Weil er uns bis ans Ende geliebt hat, gibt uns Jesus seinen Leib, der für uns dahingegeben wurde, und sein Blut, das für uns vergossen wurde, zur Nahrung. Indem wir sie empfangen, sind wir eins mit der heiligen Opfergabe, die der Vater mit Herrlichkeit überhäuft. Nach dem Mass unserer Erwartung lässt uns der Herr an den Gaben, die er empfängt, teilhaben.

Er lässt uns mit ihm eingehen in das Leben der Heiligen Dreifaltigkeit, die schon das ewige Leben ist:

«Wer mein Fleisch isst und mein Blut trinkt,
hat das ewige Leben.»

Er schenkt uns Leben und Wohnung im Innersten Gottes. Die Häufigkeit und Fortdauer des Gebetes sind eucharistische Gnaden:

«Jener, der mein Fleisch isst
und mein Blut trinkt,
bleibt in mir,
und ich bleibe in ihm.»

Er ernährt uns. Er mehrt unsere Kräfte. Er heilt uns, gibt uns das Heil der Seele, manchmal die Gesundheit des Leibes, denn er legt in ihn ein Ferment der Auferstehung:

«Mein Fleisch ist wahrhaft eine Speise
und mein Blut wahrhaft ein Trank.»

Speise und Trank, wie es uns das Brot und das Getränk des entmutigten Elija andeutet, das er zu seinen Häupten in der Wüste fand: «Steh auf und iss, sonst ist der Weg zu lang für dich. Er stand auf, ass und trank. So gestärkt durch diese Speise, ging er vierzig Tage und vierzig Nächte bis zum Berg Gottes, dem Horeb.»

Die eucharistische Speise gibt uns nicht nur die Kraft, die Wüste zu durchqueren. In ihr empfangen wir den Gesandten des Vaters, das Wort Gottes, das Fleisch geworden ist, Träger des Heiligen Geistes. Er kommt in unser Inneres, wie in einer neuen Geburt.

Man empfängt das Wort Gottes nicht einfach durch Gewohnheit oder durch Routine. Man empfängt nicht in Kälte und Gleichgültigkeit das Feuer, das von oben gesandt ist, um in Brand zu stecken und zu verwandeln.

Die Eucharistie ist der Kanal, durch den die Gnade in uns hineindringt, die dann zur Quelle des ewigen Lebens wird. Unser ganzes Leben in Gott, seine Kraft oder seine Kraftlosigkeit hängt ab, sagt uns der heilige Paulus, von der Art und Weise, wie wir Jesus Christus in seiner Eucharistie empfangen.

+

Wir müssen eine grosse Liebe haben für die sonntägliche Feier des Gedächtnisses des Herrn, denn der Sonntag ist der Auferstehung und der Erwartung seiner Wiederkunft geweiht.

Die Woche der sieben Tage der Kirche und der Welt, die so biblisch und gottgewollt ist, bliebe unvollendet ohne diese Feier der Christen. Sie würde weder gereinigt von ihren Schwächen noch Gott dem Vater durch die Hände seines Sohnes dargebracht.

Es ist Aufgabe der Mönche, die Hände zu Gott zu erheben, für sich selber, für die Kirche und für die Welt. Es ist deshalb auch gut für sie, wenn sie das eucharistische Opfer oft oder jeden Tag feiern können. Sie müssen in der Erwartung auf das Mahl des Herrn leben:

> «Wenn einer Durst hat,
> komme er zu mir,
> und es trinke,
> wer an mich glaubt.»
> Joh 7,37—38

III. Wie wir nach dem Evangelium leben sollen

Für den Christen, für den Mönch genügt es nicht, wenn er betet:

> «Nicht alle, die zu mir sagen: Herr, Herr,
> werden ins Himmelreich eintreten,
> sondern derjenige,
> der den Willen meines Vaters tut,
> der im Himmel ist.»
> Mt 7,21

+

Wir dürfen nicht jene Söhne sein, die in ihrem Gebet dem Vater im Himmel immer ja sagen, die es aber anschliessend unterlassen, im Weinberg zu arbeiten.

Der Teil des Weinberges, den uns der Vater anvertraut, ist in erster Linie unser eigenes Leben in seinem täglichen Ablauf. Der Heilige Geist hört nicht auf, uns zu sagen, wie es werden muss, um in Einklang mit dem Evangelium des Herrn zu sein.

Kapitel 19: Sich bekehren

In seiner Liebe folgt uns Jesus auf allen unseren Wegen, bis die Stunde der Begegnung kommt.

Dann erkennen wir den Herrn als Sohn Gottes und als Erlöser. Sein Geist gibt in unser Herz eine tiefe Reue über unsere Fehler. Er schafft in uns den Willen, uns von den Banden zu befreien, die uns in der Sünde zurückhalten, unsere weltliche Art, die Dinge zu sehen, aufzugeben, um in das Leben Jesu einzutreten, auf den Weg der Heiligkeit und der Seligpreisungen.

+

Nie zurückschauen

Unter diesem ersten Impuls, der vom Geist kommt, wird alles leicht. Manchmal werden wir durch spürbare Gnaden, die hinzugeschenkt werden können, getragen.

Wir müssen wissen, Brüder, dass der Herr uns nicht im Stich lässt, wenn er aufhört, uns so überreich zu beschenken. Es handelt sich ganz im Gegenteil um einen zweiten Ruf Jesu, der tiefer ist als der erste. Er lädt uns ein, in jenen Teil unseres Lebens vorzudringen, der über unserer Gefühlswelt liegt. Dort sollen wir ihm begegnen. Dort werden wir nach und nach auf ganz neue Weise, im Licht des Glaubens, seine Gegenwart und seine Liebe entdecken.

Viele nehmen mit Begeisterung den ersten Ruf auf, aber weichen vor dem zweiten zurück. Dann wird uns der Abstand bewusst, der noch da ist zwischen dem, was der Herr von uns verlangt, und dem, was wir im täglichen Leben verwirklichen. Das kann uns entmutigen.

Wir haben die Hand an den Pflug gelegt. Wir dürfen nicht zurückschauen, wenn das Pflügen schwierig wird. Wenn wir in unseren Bemühungen nachliessen, würde die Saat des Evangeliums vertrocknen, weil die Erde, in der dieser Same aufgehen und wachsen sollte, nicht bearbeitet wurde.

Auch unser Gebet würde vertrocknen: Es wäre wie eine Frucht, die innerlich ihre Substanz verliert, obwohl sie äusserlich noch schön aussieht. Jedes Gebet, ob persönlich oder gemeinschaftlich, verliert seine Lebenskraft, wenn es nicht von der Sehnsucht nach Bekehrung und der Bemühung darum begleitet ist.

Sich auf den Herrn stützen

Wir können unsere Bekehrung nicht allein verwirklichen, und auch unsere Schwächen können wir nicht selber heilen. Das hat jene arme Frau verstanden, die zu Füssen Jesu sank, um den Saum seines Kleides zu berühren.

Wie sie können wir uns geheilt erheben, denn der Herr hat die Sakramente gestiftet. Sie sind für uns die Quellen des lebendigen Wassers, aus denen das Heil sprudelt. Die

Taufe und die Busse gehören zur Bekehrung. Die Eucharistie zur geistlichen Heilung.

Im Gebet ausharren

Damit unsere Bekehrung andauert, dürfen wir nicht aufhören, auf den zu schauen, der uns gerufen hat, nach dem wir uns ausgerichtet haben. Wir müssen im Gebet ausharren. Denen, die ihn darum bitten, sagt der Herr, gibt der Vater im Himmel den Heiligen Geist. Wir müssen ihn mit Beharrlichkeit darum bitten:

> «Bittet, und es wird euch gegeben,
> sucht, und ihr werdet finden,
> klopft an, und es wird euch aufgetan.»
> Lk 11,9

Sich in die Kirche einfügen

Unsere Bekehrung fügt uns in den Leib des Herrn ein, das heisst in seine Kirche.

Im Schoss der Kirche und der kirchlichen Gemeinschaft, der wir angehören, findet unsere Bekehrung ihre Erfüllung. Hier erst kann sie sich festigen, nicht nur für unser eigenes Wohl, sondern auch für das Wohl unserer Brüder.

Der Herr vertraut jenen, wenn sie gemeinsam in seinem Namen wirken, die Gabe der Unterscheidungskraft an, die Gewalt, die Mächte des Bösen fernzuhalten, eine Funktion der Fürbitte und der Heilung: Die einen sollen sich den andern öffnen, sagt uns der heilige Jakobus, und die einen sollen für die andern beten, um geheilt zu werden:

> «Wenn auf Erden
> zwei von euch übereinkommen,
> um was auch immer zu bitten,
> es wird ihnen von meinem Vater,
> der im Himmel ist, gegeben werden.»
> Mt 18,19

+

Dieser Arbeit der Bekehrung, der Befreiung und der Heilung müssen wir geduldig und ausdauernd nachgehen. Der Geist des Herrn wird uns anspornen, sie unser ganzes

Leben lang immer wieder und immer eingehender aufzunehmen. Die Kirche selbst lädt uns dazu ein, wenn sie
zusammen mit Johannes dem Täufer den Advent feiert
und mit Jesus in der Wüste die Fastenzeit.

Kapitel 20: Sich Gott geben

Es genügt nicht, Gott einen Teil seines Lebens zu
weihen. Alles, was wir sind, müssen wir ihm geben, alles,
was wir leben:

> «Du sollst den Herrn, deinen Gott, lieben
> aus deinem ganzen Herzen,
> aus deiner ganzen Seele,
> aus deinem ganzen Denken und
> aus allen deinen Kräften.»
> Mk 12,30 (Dtn 6,5)

+

Diese Ganzhingabe in der Liebe an Gott kann auf zwei
Arten erfüllt werden:

Man kann sie «zu zweit» leben, nämlich in der Einheit
der Ehe, wenn diese gewollt ist nach der ganzen Schönheit
des göttlichen Willens.

Die Verbindung der christlichen Eheleute soll für sie
selbst, dann auch für die Welt ein lebendiges Bild werden,
ein Zeichen oder ein Widerschein der innigen Verbindung,
die Jesus Christus mit seiner Kirche vereinigt.

Um also die «Hochzeit des Lammes» widerzuspiegeln,
muss ihre Verbindung ihr ganzes Sein umfassen, bis in
ihre Beziehungen zu Gott. Die Eheleute müssen zusammen beten und am einen Leben im Heiligen Geiste
teilhaben. Sie dürfen nie von dem etwas wegnehmen, was
die erste Grundlage ihrer Verbindung bleibt: das gemeinsame Suchen nach grösserer Liebe zu Gott, nach grösserer
Verfügbarkeit für Jesus und seine Kirche, und danach in
den Kindern, die Gott ihnen anvertraut, den lebendigen
Glauben zu wecken.

+

Aber es gibt, sagt der Herr, eine zweite, entschiedenere Art, sich ihm zu geben. Sie kündet das Kommen und die drängende Nähe des Reiches an. Sie ist in der Kirche die notwendige Ergänzung zur ersten Art der Hingabe:

> «Nicht alle
> können dieses Wort verstehen,
> sondern jene, denen Gott es offenbart hat...
> Es gibt solche, die nicht heiraten
> wegen des Reiches Gottes.
> Wer es fassen kann, der fasse es.»
> Mt 19,11–12

+

Nur der Geist des Herrn kann uns zu verstehen geben, dass dieses Wort uns persönlich betrifft.

Er ruft uns auf, der für uns so natürlichen Verbindung von Mann und Frau zu entsagen, um eine ausschliesslichere und in gewissem Sinne eifersüchtige Zugehörigkeit zur Person Jesu Christi zu verwirklichen, ohne die Gegenwart oder die Vermittlung einer menschlichen Liebe.

Diese Zugehörigkeit zum Herrn ist durch ein Gelübde besiegelt, das ihr einen sakralen Charakter verleiht. Diese Bindung nimmt in unserem Leben den Platz ein, den sonst diese andere sakrale Bindung, die christliche Ehe, einnahme.

Die Verbindung der Eheleute ist ein Bild der Verbindung Christi mit der Kirche. Die Hingabe des Mönchs ist mehr als ein Bild: Sie ist eine konkrete Verwirklichung dieser Verbindung. Die Brüder, die sich auf diese Art dem Herrn geben, sind bereits Glieder seines Leibes, sie weihen sich seiner Person und seinem Dienst auf eine radikalere Art.

Diejenigen, die diesen Akt vollziehen, werden bevorzugte Zeugen des Bundes. Das ganze Volk Gottes ist es, das in diesen Menschen unter dem Antrieb des Geistes seine Bande mit Jesus und seinem Vater enger knüpft und verstärkt.

+

Diese vollständige Hingabe von uns selbst an Christus ist die Frucht einer zweifachen Liebe. In erster Linie ist sie Frucht der Liebe Jesu, denn er hat uns zuerst geliebt. Er wollte, dass wir ihm in dieser ganz besonderen Weise gehören.

Es ist aber auch die Frucht der Liebe, die wir ihm entgegenbringen. Da wir nach dem Bild Gottes geschaffen sind, könnten wir nicht leben, ohne zu lieben. Das Herz des Menschen kann nicht leer bleiben. Ausserhalb der Liebe kann diese Einheit mit Jesus weder sich betätigen noch bestehen.

Sie setzt eine Atmosphäre der Intimität und der ununterbrochenen Begegnungen im Gebet und im Leben voraus mit ihm, dem wir uns übergeben haben. Der Name Jesu wie auch der des Vaters muss in unserem Denken und auf unseren Lippen bleiben. Seine Ikone sei Gegenstand der Liebe und der Ehrerbietung. Seine Eucharistie werde mit Liebe empfangen: Denn sie ist der Ort der Begegnung, sie ist der Hochzeitssaal.

+

Eine solche Liebe zu Jesus kann man nicht im Herzen tragen, ohne sein Leben, sein Gebet, seine Sendung teilen zu wollen. Wir haben, sagt der heilige Paulus, «die Sorge für die Sache des Herrn».

Aus unserer besonderen Bindung an seine Person erhalten wir Macht, das Leben, das wir von ihm haben, auch wieder zu einer Quelle zu machen, sei es, dass wir im Verborgenen Anteil erhalten an seinem Leiden, sei es, dass unser Wort und unser Handeln zum wahren Glauben führen oder die Liebe wecken.

Gerade dann, wenn wir unser Leben verschenken, erfahren wir unsere volle Entfaltung. Gott ist Vater, und wir sind nach seinem Bild geschaffen.

> «Wahrlich, ich sage euch,
> niemand wird Haus, Brüder, Schwestern,
> Mutter, Vater, Kinder oder Felder
> um meinetwillen und um des Evangeliums
> willen verlassen,

ohne das Hundertfache zu empfangen;
jetzt in dieser Zeit wird er
Häuser, Brüder, Schwestern, Mütter,
Kinder und Felder erhalten,
wenn auch unter Verfolgungen,
und in der kommenden Welt
das ewige Leben.»
Mk 10,29–30

+

Natürlich kann man diesen Weg nicht gehen, ohne jener Erfüllung zu entsagen, die die Liebe der Gatten und der Kinder verschaffen kann. Es ist normal, dass wir diese Entbehrung fühlen. Diese Entsagung ist Teil unserer monastischen Berufung. Es ist ein Aufruf, über sich selbst hinauszuwachsen.

Wir wissen, dass die Liebe, die von oben kommt, aus der Heiligen Dreifaltigkeit des Vaters, des Wortes und des Geistes, jede andere Liebe enthält und übersteigt.

Sie verwirklicht die innigste Einheit, die man sich denken kann: die Einheit zwischen dem unendlichen Sein Gottes und dem unseren, zwischen den göttlichen Personen und uns: diese Vereinigung und diese Einheit, von der das Evangelium spricht, die die Heiligen vergeblich zu beschreiben suchen.

Alles, was sonst Liebe ist, ist nach dem Bild dieser ersten Liebe. Jede drängt zur Verschmelzung in der Einheit. Aber die göttliche Liebe allein besitzt die Macht, diese zu verwirklichen mit der ganzen Fülle, deren unser Herz bedarf. Keine andere Liebe, so tief sie auch sein mag, kann all unsere Möglichkeiten der Vereinigung ganz und endgültig erfüllen.

Die Erfahrung lehrt uns, Brüder, dass diese wesentliche Liebe oft sehr still auf dem Grund unseres Herzens brennt. Das ist die manchmal kaum wahrnehmbare Ausstrahlung und Wärme, die von der Gegenwart der Heiligen Dreifaltigkeit in uns ausgeht, die kleine Lampe, die sich bei dieser Berührung entzündet, unsere demütige Antwort an Gott.

Aber angefacht durch den Hauch des Geistes kann dieses Feuer den ganzen Menschen in Brand stecken, seinen Leib und seine Seele. So erlebten es Petrus, Jakobus und Johannes am Tag der Verklärung. So geschieht es auch mit uns in bestimmten Augenblicken unseres Lebens. Das sind Vorboten des ewigen Lebens. Einmal wird es für die ganze Ewigkeit so sein.

+

Aber solange wir an die Erde gebunden sind, spüren wir die verschiedenen Gesetze des Fleisches und des Blutes. Wir können nicht ohne Schwierigkeit den menschlichen Verwirklichungen der Liebe entsagen, weder in ihren edelsten Formen noch in ihrem manchmal nur fleischlichen Ausdruck.

Wenn wir aufhören, in der Liebe Gottes, unseres Vaters, zu wachsen, wenn wir aufhören, auf den Herrn zu schauen, werden unsere natürlichen Neigungen wieder stärker. Geringfügige Verstösse gegen die Treue, das Abweichen der Gedanken zu irgendeiner anderen Verbindung können, wenn wir es zulassen, verborgene Einstiege zu Pfaden werden, die Schritt für Schritt zur Untreue und zum Davonlaufen führen.

Wenn man sie aber im Glauben erträgt, bieten uns die Versuchungen ganz im Gegenteil Gelegenheit, unsere Wahl zu erneuern. Sie stärken unseren Willen in seiner Treue zu Jesus Christus. Von unserer Entschlossenheit kann diejenige vieler anderer in der Kirche abhängig sein.

Wir dürfen nicht auf unsere Kräfte bauen. Wir müssen uns auf den Herrn stützen. Er ist der Verteidiger des Bandes, das uns mit seiner Person verbindet. Wie in Kana, so ist die Jungfrau Maria auch bei dieser Hochzeit zugegen. Sie wacht mit Liebe über die, die diesen Weg der Jungfräulichkeit gewählt haben, den sie der Kirche eröffnet hat: «Wie soll dies geschehen, da ich Jungfrau bin?»

+

Diesen Weg beschritten im ersten Jahrhundert der Kirche die Aszeten und die Jungfrauen.

Er ist der Weg der Mönche geworden. Er ist nicht einfach nur ein Erbstück, das sie übernommen und aufbewahrt haben. Der Ruf des Herrn zur Jungfräulichkeit trifft sie im Innersten ihrer selbst.

Er bildet das allererste Element ihrer Einsamkeit, einer Einsamkeit des Leibes und des Herzens, die erste Schwelle, die zu überschreiten ist, um in die Tiefe des Mönchtums einzudringen, in das einsame Gegenüber mit Gott.

Eine Einsamkeit, die ein einziger Ruf zum Herrn ist. Sie schafft diese Fähigkeit zur innigen Beziehung mit Gott im Gebet, von dem der heilige Paulus spricht. Sie führt in dieses ununterbrochene Beten, das die Aufgabe des Mönchs im Schoss der Kirche ist.

Die Jungfräulichkeit des Leibes und des Herzens ist bereits Teilnahme an der Lebensweise der Söhne Gottes in der andern Welt, wo alle wie die Engel im Himmel sind, die nicht heiraten.

Ganz besonders ist es Aufgabe der Mönche, nicht durch Reden, sondern durch ihr Verhalten all ihren Brüdern auf Erden diese kommende Welt zu verkünden, die so nahe, ja schon geheimnisvoll gegenwärtig ist mitten unter uns.

+

Damit diese Gottesbeziehung, in die uns die Jungfräulichkeit einführt, inniger werde und damit im Schoss der Kirche ein ausstrahlender Raum der Heiligkeit sei, sind die Mönche übereingekommen, diese Jungfräulichkeit mit andern Elementen der Einsamkeit zu umgeben: dem Schweigen, dem Fasten, der Armut, der Zurückgezogenheit von der Welt, dem Leben in der Wüste. In all dem gehen sie weiter als die Aszeten und Jungfrauen der ersten Zeiten.

In der Tat ist es der Vielgeliebte selbst, der in seinem Verlangen nach Liebe diesen Weinberg angelegt hat. Er hat ihn mit einer Einfriedung umgeben, einen Turm errichtet, eine Kelter gegraben:

«Ich, der Herr,
bin der Wächter des Weinberges.
Von Zeit zu Zeit bewässere ich ihn.
Damit man ihm nicht schadet,
bewache ich ihn Tag und Nacht.»
Jes 27,2–3

Kapitel 21: Die Hingabe an die Brüder

Man muss Gott lieben aus all seinen Kräften. Man muss auch die Brüder lieben. Das ist das zweite Gebot: Es ergänzt das erste.

Wir müssen sie nicht nur lieben «wie uns selbst», sondern «wie Jesus uns geliebt hat». So will es der Herr. Es ist «sein Gebot, ein neues Gebot»:

«Liebet einander,
wie ich euch geliebt habe.
Es gibt keine grössere Liebe,
als sein Leben hinzugeben
für die, die man liebt.»
Joh 15,12–13

+

Jesus hat uns geliebt, indem er sein Leben für uns dahingab. Auch wir müssen lieben, indem wir unser Leben dahingeben.

Es gibt verschiedene Arten, aus sich und seinem Egoismus herauszukommen und einzugehen auf alle Anforderungen einer solchen Liebe, die das Leben in den Dienst der Brüder stellt. Jeder von uns hat, nach der Absicht Gottes, ihnen gegenüber eine bestimmte Sendung: vor allem für die Kleinsten, denen Jesus seine Liebe zugesagt hat, und für die, die verwundet an unserem Weg liegen.

Es genügt nicht, mit ihnen die Güter zu teilen, die wir besitzen. Sie brauchen das Beste, das wir haben: unsere Zuneigung, unser Herz und vor allem unseren Glauben an Christus.

70

Wir alle haben die Aufgabe, das Evangelium zu verkünden durch das Zeugnis unseres christlichen Lebens, durch das Wort oder die Tat, jeder nach der Berufung, die er vom Herrn empfangen hat. Anders ist die Tat des Mönchs, der betet und sich im Verborgenen für das ganze Volk abmüht. Anders die des Priesters in seinem Dienst. Anders die des Kleinen Bruders oder der Kleinen Schwester von Jesus in ihrer Arbeit. Anders die des Christen, der in der Welt engagiert ist.

Man kann kein Diener Gottes sein, ohne auch ein Diener seiner Brüder zu sein, denn der Dienst an den Brüdern ist Dienst an Gott.

+

Jesus zeigt uns den Weg: Er ist der Diener seines Vaters und der Diener seiner Brüder. Er ist gekommen, um zu dienen.

Er will uns sagen, wie ein Diener sein soll:

Er schildert ihn uns, wie er wacht, die Lenden gegürtet hat, immer bereit ist zu dienen, exakt in seinem Dienst, auch in den kleinsten Dingen treu.

Er kümmert sich um die, die mit ihm dienen, die der Herr ihm anvertraut hat: Er gibt jedem von ihnen zur gewünschten Zeit den Anteil an Weizen.

Er ist aktiv, unternehmungslustig. Er nützt die Talente, die Gott ihm anvertraut hat. Er erinnert sich, dass der Herr denjenigen getadelt und bestraft hat, der sich damit zufriedengab, sein Geldstück zu vergraben.

Er ist auch sehr demütig. Er hält sich nicht für unersetzlich. Er weiss sehr gut, dass der Herr auf ihn verzichten kann und dass, wenn er nach besten Kräften Gott, der Kirche und den Brüdern dient, er nur tut, wozu er auf Grund seiner Taufe und seiner Weihe zum Dienst des Herrn verpflichtet ist. Nur das ist die Freude, die er sucht, alle Tage seines Lebens gut gedient zu haben: Er erwartet jederzeit die Wiederkunft seines Meisters.

In seiner Liebe zu ihm, in seinem Warten liegt das Geheimnis seiner Treue.

Kapitel 22: Das Kreuz auf sich nehmen

Man kann nicht in den Dienst Gottes und seiner Brüder treten, ohne zu entsagen. Man kann nicht Jünger des Herrn werden, ohne bereit zu sein, sein Kreuz zu tragen:

> «Eng ist die Pforte und schmal der Weg,
> der zum Leben führt...»
> «Wenn jemand mir nachfolgen will,
> verleugne er sich selbst
> und nehme täglich sein Kreuz auf sich
> und folge mir nach.»
> «Wer sein Kreuz nicht auf sich nimmt
> und mir nicht nachfolgt,
> ist meiner nicht wert.»
>
> Mt 7,14; Lk 9,23; Mt 10,38

+

Mit Nachdruck also lädt uns Jesus ein, mit ihm zusammen in das Geheimnis des Kreuzes, in das Geheimnis der Erlösung zu treten. Denn mehr als durch das Wort und die Tat wirken wir am Heilswerk in der Welt und vor allem in uns selber mit, wenn wir das tägliche Kreuz auf uns nehmen.

Denn es ist richtig, dass wir einen persönlichen Anteil, und wenn er noch so gering ist, zu der Wiedergutmachung beitragen, die der Herr selber für unsere Fehler leisten wollte. So verlangt es der Sinn für unsere Verantwortung vor Gott, so verlangt es eine wahre Reue und eine echte Liebe zu Jesus und seinem Vater.

Wenn wir also im Schoss der Kirche nützliche und stets verfügbare Knechte werden wollen, müssen wir das abtöten, was sich in uns fortwährend dem Willen des Herrn, seiner Liebe, der Liebe zu unseren Brüdern entgegenstellt.

Wir bemühen uns also, die Entsagungen, die uns unsere Taufe, unser Dasein als Christen, unsere monastische Regel auferlegen, ebenso wie jene, die der Herr innerlich uns nahelegt, freudig oder wenigstens getreulich anzunehmen.

Wir werden auch mit ihm zusammen durch andere Prüfungen hindurchgehen müssen, kleine und grosse, wie sie in unserem Leben, auf unserem inneren Weg zu Gott auftreten. Sie alle tragen auf ihre Art zur Reinigung unseres Herzens bei, zur Festigung in der Liebe. Sie führen uns in den Geist der Seligpreisungen ein. Sie verbinden uns mit der Osterfeier des Herrn.

Denn unsere Prüfungen und unsere Leiden gehören dem Herrn. Er hat sie alle auf sich genommen. Es ist sein eigenes Opfer, das sich in den Gliedern seines Leibes fortsetzt, zu unserem Wohl und zum Heil aller.

Wir müssen uns hüten, vor diesen ernsten Aspekten des christlichen Lebens und vor allem des mönchischen Lebens zu fliehen.

Jesus sagt mit Nachdruck, dass der breite und mühelose Weg, auf den viele sich einlassen, nicht nur Enttäuschungen bringt, sondern auch in unser Verderben führen kann. Der schmale Weg dagegen, den er uns vorschlägt, führt zur Fülle des Lebens, in dieser Welt und in der kommenden.

Er versichert uns, dass jeder, der allem um des Himmelreiches willen entsagt hat, schon jetzt das Hundertfache von dem erhält, was er verlassen hat, und in der andern Welt das ewige Leben.

+

Sogar der Herr selber hat sich gefürchtet vor seinem Leiden, er ist unter Schmerzen den engen Weg gegangen, der zur Auferstehung führt und der ein Kreuzweg war.

Wir müssen uns also nicht wundern, wenn auch wir vor den Entsagungen, die das Evangelium verlangt, Angst haben. Unsere Stütze, unsere einzige Stütze ist im Herrn:

> «Kommt zu mir, ihr alle,
> die ihr mühselig und beladen seid,
> und ich werde euch erquicken.
> Nehmt mein Joch auf euch,
> und lernt von mir,
> denn ich bin sanft und demütig von Herzen,
> und ihr werdet Erquickung finden für eure
> Seelen,

denn mein Joch ist sanft, und
meine Bürde ist leicht.»
Mt 11,28–30

Kapitel 23: Ein reines Herz haben

Ein reines Herz haben, das heisst nicht nur keusch
sein an Leib und Gedanken nach dem Lebensstand, den
wir freiwillig gewählt haben, sondern es heisst auch frei
sein von allen andern Bindungen, sobald diese uns von
der Liebe zu Gott und vom Dienst an unseren Brüdern
abhalten.

Rein ist jenes Herz, das keine Vermengung, keine
Spaltung, keinen Kompromiss kennt.

«Ich hasse, die geteilten Herzens sind», singt der
Psalmist. Jesus nimmt seinen Gesang auf und macht aus
der Reinheit des Herzens eine Seligpreisung:

«Selig, die reinen Herzens sind,
sie werden Gott schauen.»
Mt 5,8

+

Sie werden Gott schauen in der Ewigkeit von Angesicht
zu Angesicht. Aber schon hier unten haben sie mit den
ganz Kleinen gemeinsam das Vorrecht, tief und unmittelbar in das göttliche Geheimnis einzudringen.

Die Reinheit des Herzens ist die Bedingung für jede
Einheit mit Gott und folglich für jedes Fortschreiten im
Gebet. Wenn das Herz an irgendeine andere Sache oder
an irgendeine andere Person, die es von Gott abwendet,
gebunden bleibt, kann es sich nicht in ganzer Freiheit
dem Herrn zuwenden. Der Herr selbst kann sich dann
nicht schenken, wie er möchte, da ja der Platz, der ihm
zukäme, besetzt ist.

Brüder, mit geteiltem Herz können wir nicht Freunde
Jesu werden!

Den reinen Herzen auch schenkt der Herr am liebsten die klare Sicht in der Unterscheidung des Geistes, diese «geistliche Feinsicht», die ermöglicht zu erkennen, was von Gott kommt, was vom Menschen oder was vom Dämon.

Wieder ist es die Reinheit des Herzens, die weise macht in den Entscheidungen, denn sie verbürgt die Freiheit des Urteils und die Fügsamkeit gegenüber den Einsprechungen des Heiligen Geistes. Sie ist die Einfachheit des Auges, die den ganzen Leib ins Licht führt.

Sie lässt sich mit der Perle im Evangelium vergleichen. Um sie zu erreichen und zu bewahren, scheuten die alten Mönche «weder Entsagung noch Nachtwachen, noch Fasten».

Der Geist des Herrn ist es, der uns die Kraft gibt, wie sie den Weg der Entsagung des Evangeliums einzuschlagen. Er schafft in uns diese Reinheit des Herzens, die wir ohne ihn nicht erlangen können:

> «Herr, schaffe in mir
> ein reines Herz,
> bewirke in mir
> einen festen Geist.»
> Ps 51,12

Kapitel 24: Eintreten in den Gehorsam des Herrn

Der Herr ist gekommen, die Welt loszukaufen von ihrem Ungehorsam, dem Ungehorsam unserer Stammeltern und unserem eigenen. Er hat also seine ganze Existenz, bis zum Tod am Kreuz, zu einer fortwährenden Einfügung in den Willen seines Vaters gemacht:

> «Obschon er Gottes Sohn war,
> lernte er an dem, was er litt,
> den Gehorsam.
> Und zur Vollendung gelangt,
> wurde er allen, die ihm gehorchen,
> Urheber ewigen Heils.»
> Hebr 5,8−9

+

Damit Jesus für uns zum «Urheber ewigen Heils» wird, müssen wir den Weg des Gehorsams einschlagen.

Jedem von Gott unabhängigen oder ihm widersprechenden Willen müssen wir entsagen. Das ist die allererste Entsagung, die wichtigste. Sie löscht die in uns immer anwesende Sünde Adams aus. Anderes lieben, wünschen, wollen, als was Gott will, ist dem Dämon eigen oder dem Menschen, der sich ins Kielwasser des Dämons begibt.

Wir müssen ganz im Gegenteil den Willen Gottes in jeder Beziehung zum unsern machen, indem wir uns frei und ungezwungen allen Gegebenheiten anpassen, mit denen er unser Leben umgibt, ob sie uns nun angenehm oder schmerzlich sind.

Es handelt sich nicht um eine rein äussere Unterwerfung unter ein Gesetz oder unter Gegebenheiten, die uns nötigen. Der evangelische Gehorsam ist wesentlich ein Ja, das man Gott aus der Tiefe seines Herzens sagt: Es ist ein Akt der Liebe und des kindlichen Vertrauens.

Es ist nicht möglich, Gott zu lieben, ohne den Willen Gottes zu lieben. Das Evangelium trennt den Gehorsam nie von der Liebe. Es kann keine authentische Liebe zu Jesus geben ohne eine wirkliche Einheit unseres Willens mit dem seinen:

> «Wenn ihr mich liebt,
> werdet ihr meine Gebote halten.»
> Joh 14,15

Der evangelische Gehorsam ist Zeugnis der Liebe, aber im tiefsten ist er Frucht unserer Gotteskindschaft.

So verhält es sich schon in Christus Jesus. Er ist der Sohn Gottes, das Wort, das der Vater zeugt, indem er ihm sein eigenes Bild mitteilt: So findet sich im Sohn der ganze Wille seines Vaters.

Aber Jesus ist das Wort, «das Fleisch geworden ist». In seiner menschlichen Natur, in seinen Werken, in seinem Wort verwirklicht und bekundet er den ewigen Willen seines Vaters, in vollem kindlichem Gehorsam, in vollständiger Treue. Selbst in den Stunden des Leidens erfüllt er den Willen des Vaters und nicht den seinen.

76

Durch die Gnade treten wir in die gleiche Gotteskindschaft ein wie Jesus, indem wir mit ihm den Gedanken und den Willen unseres Vaters widerspiegeln und versuchen, wie er diesem Vater ähnlich zu werden, so zu sein, wie er uns will und wie er uns durch die Gnade in seinem vielgeliebten Sohn fortwährend zeugt.

Um in Jesus diese göttliche Kindschaft zu leben, um mit ihm in die Intimität und in die Ähnlichkeit mit dem Vater im Schoss der Heiligen Dreifaltigkeit einzugehen, muss der Geist unser ganzes Sein beleben und umformen, dessen Gedanken, Willensakte und alle Handlungen inspirieren. Man kann nicht im vollen Sinn Sohn Gottes sein, ohne dem Geist Gottes voll und ganz gefügig zu sein.

Dieser kindliche Gehorsam ist nicht Knechtschaft, sondern Adel. Er vergöttlicht, denn er prägt uns das Bild Gottes ein. Er ist Ausdruck unserer Würde als Kinder Gottes, Entfaltung unserer Gotteskindschaft.

> «Alle, die vom Heiligen Geist
> geführt werden,
> sind Söhne Gottes.»
> Röm 8,14

+

Weil wir seine Söhne sind, suchen wir den Willen unseres Vaters kennenzulernen.

Schon wenn man seinen Willen zu erkennen sucht, heisst das, dass man ihm gehorcht. Er liebt diesen demütigen, im Vertrauen und in aller Geduld vollzogenen Schritt, der den von ihm gewählten Augenblick abzuwarten weiss.

Diesen Willen des Vaters können wir mit der Hilfe des geistlichen Vaters entdecken: in den Eingebungen des Heiligen Geistes, der in uns wohnt, in der Betrachtung des Wortes, in den Begebenheiten, in den Wünschen unserer Brüder, in den Weisungen der Kirche oder jener, die uns gegenüber in irgendeiner Weise den Herrn vertreten.

Denn Gott offenbart seinen Willen oft durch die Vermittlung der Menschen. Sie sind nicht alle Heilige. In aller Demut müssen wir es annehmen, ihnen zu gehorchen, und wir müssen genug Glaubensgeist haben, um in dem, was sie von uns verlangen, den Willen Gottes für uns zu erkennen.

+

Um im Innersten des Gottesvolkes die Notwendigkeit und die ganze Schönheit des evangelischen Gehorsams zu offenbaren, bewahrt der Geist des Herrn noch eine andere Art des Gehorsams, eine ganzheitliche und beständige.

Bereits während seines Erdendaseins verlangte Jesus von einigen der Seinen, dass sie ihm nachfolgten, während andere Jünger, wie Zachäus, zu Hause bleiben konnten. Dieser Ruf, in einer unmittelbaren und fortwährenden Abhängigkeit vom Herrn zu leben, erklang weiter. So bei den ersten Mönchen, die sich in allem den Älteren unterwarfen, die bei ihnen die Stelle des Herrn vertraten.

Nach ihrem Beispiel, Brüder, betreten wir diesen engeren Weg, indem wir geloben, denen zu gehorchen, die von der Kirche die Sendung bekommen haben, uns den Willen Jesu zu offenbaren und uns die Rolle zuzuweisen, die wir beim Aufbau seines Leibes zu spielen haben.

Dem Herrn gehorchen wir, denn er hat versprochen, in denen gegenwärtig zu sein, die die Sendung oder das Charisma haben, in seinem Namen zu sprechen:

«Wer euch hört, hört mich.»

Lk 10,16

+

Wir antworten einem ganz besonderen Ruf des Heiligen Geistes, wenn wir diesen persönlichen Willen, der uns zu Herren über uns selbst und unsere Entscheidungen macht, dem Herrn schenken und weihen. Ein anderer, das ist Christus, wird uns gürten und weiter und höher führen, als wir es gekonnt hätten.

Dieses Opfer, das unser ganzes Leben in Anspruch nimmt, haben wir bewusst, fröhlich und in aller Freiheit dargebracht. Nicht aus Angst vor Entscheidungen, die zu treffen sind, das wäre Feigheit, sondern um diesen Willen, diese Freiheit zu reinigen, zu heiligen und Gott zu weihen. Diesen Willen, den wir von Gott haben und der für jeden Menschen die Quelle ist für die freie Wahl in der Liebe, oder im Gegenteil für die Sünde.

Nicht nur im Hinblick auf unsere Person, sondern als Glieder des Gottesvolkes sind wir berufen worden, «Jesus nachzufolgen» in die fortwährende Hingabe seines Willens und seiner Freiheit an den Vater. Dieser Gehorsam hat den Herrn ans Kreuz geführt. Er verbindet auch uns mit dem Opfer, das den Ungehorsam der Welt auslöscht, sie rettet und sie heiligt.

Unser klösterlicher Gehorsam hat also eine kirchliche und erlösende Tragweite, die unsere Person übersteigt. Wenn der Heilige Geist uns antreibt, unser Leben so zu verlieren, dann tut er es, um es einzufügen in die Auferstehung Christi und in den ewigen Willen des Vaters.

> «Brandopfer und Sühnopfer
> haben dir nicht gefallen.
> Du hast mir einen Leib gestaltet.
> Also sagte ich: hier bin ich...
> Ich bin gekommen, o Gott,
> deinen Willen zu tun.»
>   Hebr 10,6–7

Kapitel 25: Eintreten in die Demut des Herrn

Um die Welt zu ihrem Vater zurückzuführen, bringt Jesus den Gehorsam gegenüber Gott und die Demut auf die Erde. Beide sind innig miteinander verbunden, eines drückt sich durch das andere aus.

Er rief ein Kind herbei, stellte es in den Kreis seiner Apostel und sagte:

> «Wahrlich, ich sage euch,
> wenn ihr nicht umkehrt
> und nicht werdet wie die Kinder,
> werdet ihr nicht in das Himmelreich
> eingehen.

Wer sich so klein macht
wie dieses Kind,
der ist der Grösste
im Himmelreich.»
Mt 18,3–4

+

Die Demut, die Jesus auf die Erde bringt, ist zuerst im himmlischen Vater als ihrem Ursprungsort, der sich liebevoll zu den Kleinen und Demütigen neigt.

Dann ist sie, wie in einer tiefen, ganz reinen Quelle, im Herrn. Obwohl er der Sohn Gottes war, wollte er selbst ein «ganz Kleines» sein, im Schoss und auf den Armen seiner Mutter. Von der Kindheit an bis zum Kreuz ist er «sanft und demütig von Herzen» geblieben.

Demütig vor seinem Vater, von dem er alles erhält und von dem er aussagt, dass er grösser ist als er.

Demütig vor den Menschen, seinen Brüdern, in denen er das Bild Gottes verehrt, wenn es auch unter der Sünde verborgen liegt. Er ist Mensch geworden, um mit den Kleinen und Armen zu leben: Er arbeitete und diente mit seinen Händen, er wusch die Füsse seiner Jünger, er nahm, ohne zu klagen, die Schmach des Leidens auf sich.

«Jesus war Gott gleich,
hielt aber nicht eifersüchtig
daran fest,
wie Gott zu sein,
sondern er entäusserte sich
und wurde wie ein Sklave
und den Menschen gleich.»
Phil 2,6–7

Die Demut, die vom Herrn kommt, ist nicht einfach natürliche Bescheidenheit oder gesunder Menschenverstand. Sie ist die im Glauben und durch den Heiligen Geist bewirkte Erfahrung, wo wir vor Gott, unserem Vater, eigentlich stehen.

Sie reinigt uns von der grossen Sünde, jenem Stolz mit seinen vielen Gesichtern, der uns dazubringt, dass wir uns selbst zum Mittelpunkt machen, indem wir alles auf uns zurückführen. Der Stolz, der den Blick verdunkelt, das Herz verhärtet und sich Gott widersetzt.

Die Demut geht den umgekehrten Weg. Sie lehrt uns, dass alles, was wir Gutes in uns haben, vom Herrn kommt. Wir haben uns das nicht anzueignen. Wir haben nichts, was wir nicht empfangen hätten. Sie lehrt uns, das anzuerkennen. Sie ist die verborgene Wurzel für jedes Magnifikat, für das der Jungfrau und für das, das wir singen.

Die Demut bringt uns nicht nur die empfangenen Gaben zum Bewusstsein, sondern auch unser Versagen und unsere Fehler. Sie führt uns in das Gebet des Zöllners ein. Sie bringt uns zu dem, der für die Sünder gekommen ist, zu Jesus, der rettet und heilt.

+

Indem sie uns auf jenen Platz vor Gott stellt, der sich für uns gehört, in unsere Abhängigkeit ihm gegenüber, befreit die Demut unser Herz von dem, was den Herrn hindert, in uns zu wirken. Sie ist der Zugang für die Gnade. Das Geschenk der Gnade ist ja so eng mit der Demut verbunden, dass es die Demütigsten sind, die am reichlichsten damit ausgestattet werden.

Jesus versichert mit Nachdruck, dass es die Kleinen und Armen sind, die am leichtesten in das Geheimnis Gottes eintreten:

> «Ich preise dich, Vater,
> Herr des Himmels und der Erde,
> dass du dies vor den Weisen
> und Klugen verborgen hast,
> den Kleinen aber geoffenbart hast.»
> Lk 10,21

+

Nicht nur vor Gott müssen wir wie Kleine werden, sondern auch vor unseren Brüdern.

Wir müssen sie nach dem heiligen Paulus höher schätzen als uns selbst. Der Herr, der sie eingeladen hat wie uns, kann ihnen in dieser Welt oder in der anderen einen höheren Platz vorbehalten als uns.

Die Demut hält die Ansprüche, diese Früchte des Stolzes und der Eigenliebe, in Schranken. Sie löst die meisten Schwierigkeiten, die unter den Brüdern oder mit jenen entstehen können, die den Herrn ihnen gegenüber vertreten.

Dadurch, dass sie uns von uns selber loslöst, lehrt sie uns, die andern zu lieben. Sie vermehrt unsere Hingabe und unseren Diensteifer:

«Wenn einer der Erste sein will,
so mache er sich zum Letzten
von allen
und zum Diener aller.»
Mk 9,35

+

Wir können uns nicht mit eigenen Kräften von jedem Stolz, von aller ungeordneten Eigenliebe befreien. Das sind Folgen der ersten Sünde des Menschen, die zu sehr Wurzeln gefasst haben und immer neu wachsen.

Jesus allein kann uns davon reinigen, denn er hat die Sendung, die Welt von ihrer Sünde zu reinigen. Wenn wir seinen Leib und sein Blut empfangen, befreit er uns nach und nach von diesen tiefwurzelnden Neigungen. Die Demut seines Herzens durchtränkt mehr und mehr auch das unsere. So ist es die Eucharistie, durch die uns die Demut, die von oben kommt, gegeben wird.

Unser tägliches und beharrliches Gebet gehört auch zu den bevorzugten Bereichen, in denen die Demut wächst. Man muss in der Gegenwart Gottes sein, um sich bewusst zu werden, welcher Platz uns vor Gott zukommt. Gerade in diesem manchmal hellen, manchmal dunklen Raum des Gebetes lässt Gott uns etwas von seiner Gegenwart und Heiligkeit erblicken. Hier können wir nach und nach den Grad unserer Abhängigkeit und unserer Armut ermessen.

Gebet und Demut sind also wesentlich miteinander verbunden, so dass wir unseren Fortschritt im Gebet bewerten können nach den Früchten der Demut, die es in unserem Leben hervorbringt. Wenn das Gebet langsam zur vertrauten Gewohnheit wird, dann wird auch seine Demut unser tägliches Verhalten durchdringen.

+

Um die aus der Eucharistie und dem Gebet geschöpfte Demut zu festigen, Brüder, müssen wir lernen, die Demütigungen anzunehmen.

Sie können durch andere kommen, aber auch durch Feststellung unserer eigenen Schwächen. Es liegt immer so etwas wie ein unerklärlicher Stolz in der Tatsache, dass wir ungern das Demütigende in unserem Verhalten zugeben.

Jesus hat die Demütigungen seines Leidens ohne ein Wort zu sagen angenommen. Er hat sie für uns angenommen. Es ist nur gerecht, wenn wir unsererseits die Demütigungen annehmen, die uns zustossen, auch wenn sie nicht vollständig gerechtfertigt sind.

Unsere Väter im Mönchtum sahen darin ein sicheres und schnelles Mittel, um den Stolz zu brechen, der von Gott trennt. Sie machten daraus einen charakteristischen Zug ihrer Aszese.

+

Der Weg der Demut ist der königliche Weg, dem Jesus gefolgt ist. Auf diesen Weg ruft die klösterliche Regel die Mönche.

Diese reihen sich mit der Jungfrau Maria unter «die Armen des Herrn» ein. Sie bekunden seinen Sieg über den Fürsten des Stolzes. Ihre verborgene Existenz mitten im Gottesvolk setzt das demütige und verborgene Leben Jesu in Nazareth fort, seinen Aufenthalt in der Wüste, seine Demut vor dem Vater, seinen Gehorsam bis zum Tod am Kreuz:

> «Er erniedrigte sich selbst und
> wurde gehorsam bis in den Tod,
> den Tod am Kreuz.

Darum hat ihn Gott über alle erhöht
und ihm den Namen verliehen,
der grösser ist als alle Namen.»
Phil 2,8–9

Kapitel 26: Wandeln in der Demut und in der Liebe

Unserer Schwachheit bewusst, Brüder, wandern wir auf dem Weg der ganz Kleinen und Armen Gott entgegen und stützen uns beständig auf den Herrn.

In diesem «Exodus» der Armen gibt es keine Marschroute und keinen Zeitplan, der nicht variieren könnte. Die wenigen Meilensteine, die die Regel der Mönche setzt, können unserer Wanderung die Richtung weisen.

+

Die Abweisung der Sünde: erste Geste der Liebe

Man kann wirklich nicht sagen, dass man Gott liebt, wenn man fortfährt, ihn willentlich zu beleidigen.

Wenn wir uns auf den Weg der Liebe wagen wollen, müssen wir uns fortwährend vor Jesus und seinen Vater stellen. Wir müssen uns ihrem Willen unterwerfen, um jede frei beabsichtigte Sünde zu vermeiden.

Es ist eine Geste des Zartgefühls gegenüber Gott, der Achtung und der Ehrfurcht, der Demut und der Unterwerfung unter die Liebe, ein Werk des Heiligen Geistes, der in uns ist. Diese Geste bestimmt tiefgehend unsere kindschaftlichen Beziehungen zu unserem himmlischen Vater.

Wenn wir vor unserer Bekehrung die Gewohnheit zur Sünde hatten, werden wir oft an die zwei Wege unseres Lebens denken, dass sich jede unserer Handlungen in die eine oder andere Richtung einreiht. Wir müssen immer in einem Klima des Gebetes bleiben, im Sakrament der

Busse unsere Zuflucht nehmen, den Leib und das Blut des Herrn empfangen, in uns das Bild und das Gedächtnis an das, was er für uns gelitten hat, bewahren.

Der Friede des Herzens

Um uns gründlich von der Sünde zu trennen, müssen wir ihre Ursachen beheben. Im Herzen des Menschen hat es immer einen Bodensatz von Stolz und Egoismus, eine ganze Anzahl von Lockungen, Zu- oder Abneigungen, die sich als Begierden entpuppen, die man befriedigen, oder als Leidenschaften, denen man nachgeben muss. Dies ist ein für den Ungehorsam Gott gegenüber und für Zerstreuungen immer anfälliger Herd, wenn er sich einmal im Herzen und im Denken festsetzt.

Wir müssen die verschiedenen Regungen in uns kennenlernen, dann mit der Hilfe des geistlichen Vaters lernen, uns von ihnen loszulösen, sie nicht immer zu befriedigen, sie wenn nötig zu durchkreuzen, damit sie sich nicht mehr den Absichten Gottes mit uns widersetzen können.

Diese Arbeit der Reinigung können wir nicht allein vollbringen. Der Geist des Herrn regt sie an und unterstützt sie. Er allein kann es in den Zeiten der Dürre vollenden, unserem durch die Sünde verletzten Herzen den Frieden geben.

Der vollkommene Gehorsam

Diese Arbeit der Befreiung führt nach und nach zur «Reinheit des Herzens».

Wenn das Herz von aller der Gottesliebe entgegengesetzten Anhänglichkeit befreit ist, kann diese Liebe es ganz und gar besetzen und von da aus die ganze Existenz in Brand stecken. Das sind dann nicht mehr langsame und mühselige Schritte, sondern der Schwung des neuen Lebens, von dem das Osterfest singt.

Diese Flamme der Liebe vereinigt uns mit Gott dem Vater und seinem Sohn. Sie entfaltet sich in einem völligen Anschmiegen an alles, was ihr Wille ist, in einer vollständigen Fügsamkeit gegenüber den Eingebungen ihres Geistes. Dies ist die Zeit des vollkommenen Gehorsams in der Liebe.

Dies ist auch die Zeit, wo am leichtesten das «reine Gebet» oder «das Feuergebet» hervorströmt, weil das Herz frei und ganz Liebe ist.

Der Gehorsam in schweren Sachen

Wenn der Geist uns in diese völlige Verfügbarkeit dem Willen Gottes gegenüber geführt hat, kann es sein, dass er uns zur noch grösseren Teilnahme am Leiden des Herrn beruft.

Das Kreuz kann sich auf verschiedenste Weisen in das Leben der Christen, insbesondere der Ordensleute und der Mönche, einfügen. Es kommt oft über den Weg des Gehorsams. Jesus vollendet selbst im Herzen und am Leib seines Jüngers das, was an seinen eigenen Leiden noch aussteht, für seinen Leib, die Kirche.

Er erkennt in diesen Brüdern, die es auf sich nehmen, mit Maria, ihrer Mutter, unter dem Kreuz zu stehen, Jünger, die seiner würdig sind: Sie haben entsagt, sie haben sich beladen mit ihrem Kreuz aus Liebe zum Herrn, zum Dienst an der Kirche und an ihren Brüdern.

+

So erfüllt sich unsere Wanderung auf dem Weg des Gehorsams. Sie führt vom Verwerfen der Sünde bis zur vollständigen Annahme des Kreuzes Jesu.

Der Geist des Herrn führt uns ebenso in die Tiefen der christlichen Demut, indem er uns offenbart, was wir vor Gott sind.

Wahr sein

Das Anliegen, wahr zu sein, vollkommen wahr, ist das Zeichen, dass in unserem Herzen die Saat der Demut, die vom Herrn kommt, aufgeht.

Wir setzen uns ein Gesicht auf, um in den Augen unserer Brüder und in unseren eigenen Augen gerecht und gross zu erscheinen: Wir vertuschen unsere Schwächen und unsere Sünde.

Aber im Verborgenen unseres Gebetes erscheint eine andere Haltung. Wir kommen so weit, dass wir nicht mehr anders erscheinen wollen, als wir sind. Wir hören auf, uns in uns selbst einzuschliessen, nur auf uns selbst zu zählen. Unserem Vater Abt, unserem geistlichen Vater enthüllen wir unsere Gedanken, den Grund unseres Herzens, damit sie uns kennen und helfen können. Wir zeigen uns unseren Brüdern so, wie wir uns im Lichte Gottes sehen.

Das Bedürfnis, wahr zu sein, zeugt von der Gegenwart des Geistes der Wahrheit in uns.

Arm sein

Der Geist der Wahrheit wird uns auf dem Weg der Wahrheit noch weiter führen. Er offenbart uns in unserem Gebet mehr und mehr unsere Abhängigkeit von Gott, unsere Grenzen, den ganzen Bodensatz der Sünde, der in uns ist.

Unserer Armut bewusst, bewusst auch unserer Fehler, reihen wir uns bei den Armen des Herrn ein. Wir finden es ganz natürlich, vergessen zu werden, uns mit wenigem begnügen zu müssen. Wir werden in unseren eigenen Augen die unnützen Knechte, auf die Jesus verzichten kann.

Das ist die Seligpreisung der Armut im Evangelium, jener Armut, die der Geist des Herrn selbst in uns schafft, im Tiefsten unseres Herzens und unseres Fleisches.

Den letzten Platz einnehmen

Indem er unser Herz immer tiefer aushöhlt, um uns von allem Trug und allem Schmutz zu reinigen, kann der Geist der Wahrheit uns ein so klares Bewusstsein von der Heiligkeit Gottes und von unserem eigenen Elend geben, dass es für uns schwierig wird, uns nicht für die Letzten von allen zu halten, von Grund aus ärmer und sündhafter als alle andern.

Am Festmahl des Herrn nehmen wir den letzten Platz ein. Wir machen uns die Worte, die er aussprach, als er sich unter der Last unserer Fehler beugte, zu eigen.

«Ich bin nur ein Wurm und kein Mensch.
Ich bin die Schande der Menschen
und der Auswurf des Volkes.»
Ps 22,7

+

Diese vollständige Teilnahme am Gehorsam Jesu, dieses Bewusstwerden unserer Abhängigkeit und unserer Fehler machen aus unserem Herzen einen Ort der Quelle, wo im Überfluss das lebendige Wasser der Gnade fliesst.

Verborgene Quelle, die unsichtbar alle äusseren Kundgebungen unseres Lebens befruchtet.

+

In aller Demut handeln

Aus der Demut des Herzens fliesst die Demut des Handelns, eine fortwährende Treue in den kleinen Dingen, die zusammen unsere tägliche Aufgabe bilden nach dem Beispiel, das wir vom Herrn empfangen haben: Dreissig Jahre lang konnte niemand in ihm etwas anderes vermuten als den Sohn des Zimmermanns.

Das Schweigen lieben

Das Schweigen, eine fortwährende Rückkehr in die Gegenwart des Vaters, des Sohnes und des Heiligen Geistes, die in unseren Herzen wohnen. Schweigen, das uns vor jeder Sünde der Zunge bewahrt, vor jedem Wort, das unsere Einheit mit Gott zerbräche.

Sich vor jeder Leichtfertigkeit hüten

Schweigen, das uns den heiligen Charakter und die ewige Tragweite des gegenwärtigen Lebens enthüllt. Die Leichtfertigkeit, die Unbekümmertheit, die Zerstreutheit treten zurück vor dem Empfinden der Verantwortung vor Gott und unseren Brüdern.

Einfach und wahr im Wort

Im Schweigen gelangt das Wort der Kleinen und Demütigen zur Reife. Das Wort, das sich wie bei Jesus in Demut, Einfachheit, Sanftmut, Weisheit, Selbstbeherrschung kleidet, bei jedem entsprechend seinen Anlagen oder der Gabe, die er vom Heiligen Geist empfängt, der in ihm wirkt und spricht.

+

Die äusserste Demütigung

Wenn eine Rebe alle diese Früchte des Gehorsams und der Demut getragen hat, beschneidet sie der Vater des Himmels, damit sie noch mehr trage.

Er lässt jene, die er auserwählt hat, durch Prüfungen hindurchgehen nach dem Bild jener, die Jesus am Kreuz erfahren hat. Sie sind sich in jedem Augenblick der Last der Sünde bewusst, die auf ihnen und der Welt lastet. Sie kennen diesen Zustand der Verlassenheit, in dem der von Gott getrennte Mensch lebt, wenn der Glaube wankt, wenn niemand auf seinen Ruf «Mein Gott, mein Gott, warum hast du mich verlassen?» Antwort zu geben scheint.

Auf diesem Weg, dem Weg des Herrn, erlangen sie wie eine Gabe Gottes dieses tiefe Erbarmen mit den Sündern, das im Herzen Jesu seinen eigentlichen Ursprung hat.

Wie alle grossen Prüfungen des Lebens, so lassen auch diese im Benehmen, ja sogar im Gesichtsausdruck ihre Spuren zurück und verraten allen die tiefe Aufrichtigkeit der Demut, aber auch die Nähe Gottes.

Einigung mit Gott

Im Schmelztiegel dieser Prüfungen vollendet der Heilige Geist die Reinigung und die Belebung des Glaubens, der Hoffnung und der Liebe. Er verwirklicht in diesem Feuer die vollkommenste Einigung mit Gott.

Durchdrungen vom Heiligen Geist, verklärt durch ihn, werden die Heiligen eins mit der Person Jesu. Er ist ihr Leben, er lebt in ihnen seine Beziehungen zu seinem und unserem Vater. Eingefügt in das Leben der Heiligen

Dreifaltigkeit, des Anfangs und des Zieles aller Dinge, erfahren sie eine ganz neue Einigung und Communio mit ihren Brüdern, mit der ganzen Schöpfung. Einigung und Communio, die der Herr in seinem Evangelium «Einheit» nennt:

«Damit sie eins seien, wie wir eins sind,
ich in ihnen und du in mir.»
Joh 17,22–23

Es sind jene, die zu dieser «Einheit» gelangt sind, die Gott zur grössten Ehre gereichen und am wirksamsten der Verbreitung seines Reiches dienen, selbst wenn sie in der Wüste leben. Nicht die Tat, die man sieht, zählt am meisten in der Kirche, sondern das Gewicht der Gnade und der Liebe.

Das Kommen des Herrn

Der Weg endet für jeden von uns, liebe Brüder, «am Tag und zur Stunde», die der Herr bestimmt hat. Er wird uns dort empfangen, wo wir uns gerade befinden auf unserer Wanderschaft. Glücklich werden wir sein, wenn er uns so entschlossen vorfindet wie am Tag, an dem wir seinem Ruf geantwortet haben.

Wenn alles «vollbracht ist», wird es uns vergönnt sein, in sein Osterfest einzugehen:

«Vater, in deine Hände
lege ich meinen Geist.»
Lk 23,46

Kapitel 27: Eintreten in die Freude des Herrn

Brüder, seinen Weg gehen in der Demut des Lebens mitten unter den Kleinen und den Armen, das heisst nach dem Evangelium leben, nicht in Traurigkeit, sondern in Freude.

Doch man verweilt nie sehr lange auf der Erde, ohne dass man Zeiten des Überdrusses und der Müdigkeit durchgehen muss. Jesus hat sie beim Nahen der Passion erfahren, er, der unsere Schwachheit auf sich genommen hat:

> «Nun ist meine Seele erschüttert,
> und was soll ich sagen?
> Vater, rette mich aus dieser Stunde.»
> «Meine Seele ist betrübt bis in den Tod.»
> Joh 12,27; Mk 14,34

+

Diese Stunden der Traurigkeit können von Personen herkommen oder von Ereignissen, von Gebrechen an Leib und Seele oder auch von unserem Widerstand gegen den Herrn, von der Versuchung oder von der Sünde.

Im Hinblick auf unsere Taufe haben wir wahrhaftig kein Recht, uns endgültig in die Traurigkeit und in die Mutlosigkeit einschliessen zu lassen und noch viel weniger in die Bitterkeit oder den Groll.

Wir müssen ganz im Gegenteil aus Liebe zum Herrn und zu denen, die uns umgeben, alles tun, was in unserer Macht ist, um die Ursachen dafür oder die Folgen auszumerzen. Wir müssen unser Herz öffnen, um die Unterstützung unserer Brüder zu erbitten, und zum Herrn beten, dass er uns zu Hilfe komme.

+

Wenn man sie im Glauben und in der Geduld aufnimmt, sind alle Prüfungen Wege der Freude. Wege der Freude sind ebenso die Entsagungen, in die uns das Evangelium führt.

Denn alle Leiden überlagert, vorerst kaum bemerkbar, die wahre christliche Freude, tiefer, beständiger, lebendiger als jede andere dieser Welt.

Es ist eine «österliche» Freude, denn sie ist ein allererster Strahl der Freude Christi in seiner Auferstehung und in seiner Herrlichkeit. Sie ist ein Anfang des ewigen Lebens:

«Ich habe euch dies gesagt,
damit meine Freude in euch sei,
damit eure Freude vollkommen sei.»
Joh 15,11

Es ist nicht nur eine Freude, die man erst erhofft, die eines Tages kommen wird. Es ist eine sehr konkrete Freude, die bereits jetzt den Grund unseres Seins durchtränkt, selbst in Stunden, in denen ein Teil von uns selbst in der Verwirrung und im Leiden bleibt:

«Selig, die arm sind.
Selig, die weinen.
Selig, die Hunger haben.
Wenn man euch verfolgt,
freut euch und hüpft vor Freude...»
Mt 5; Lk 6

Zweiter Teil:
Gemeinsam leben
oder allein leben

Brüder, wir können dazu berufen sein, unser monastisches Leben gemeinsam zu leben. Wir können aber auch dazu berufen sein, allein zu leben, sei es für einige Zeit oder für immer.

I. Zusammenleben
in der brüderlichen Gemeinschaft

Wie der Heilige Geist an Pfingsten über die Welt kommt, bildet er sogleich eine Gemeinschaft, die Urzelle der werdenden Kirche:

> «Sie hielten eifrig an der Lehre fest
> und an der brüderlichen Gemeinschaft,
> dem Brechen des Brotes
> und an den Gebeten.»
> «Alle Gläubigen legten alles zusammen.
> Tag für Tag, in der Eintracht des Herzens,
> besuchten sie eifrig den Tempel
> und brachen das Brot in ihren Häusern
> und nahmen die Speise
> in Freude und Lauterkeit des Herzens.
> Sie lobten Gott
> und standen in Ansehen
> beim ganzen Volk.»
> Apg 2,42–47

+

Diese erste christliche Versammlung ist ein Modell für jede Lebensgemeinschaft, die in der Kirche entsteht.

So ist es auch von Anfang an bei den monastischen Gemeinschaften. Der Text der Apostelgeschichte ist die allererste «Regel» und die Grundlage aller andern. Sie strahlt Liebe und Freude aus. Sie ist eine Frucht des Pfingstfestes, ein Geschenk des Heiligen Geistes.

Kapitel 28: Der Name «Bruder»

Alle im Kloster sind Brüder. Es handelt sich um eine Brüderschaft, die ebenso wirklich ist wie jene des Blutes. Sie ist von grösserem Wert.

Auf Grund unserer Taufe sind wir alle Söhne desselben Vaters, des Vaters im Himmel. Wir sind darüber hinaus «als Glieder miteinander verbunden», denn wir bilden einen einzigen Leib in Christus.

Ein Ruf, ein und derselbe Dienst an ein und demselben Ort, ein Band, das uns der Gemeinschaft verpflichtet, das alles bindet uns noch näher zusammen zu einer ganz neuartigen Intimität.

+

Brüder, wir müssen unter uns diese Einheit verwirklichen, die nach der Einheit der göttlichen Personen gestaltet ist. Jene Einheit, um die Jesus für uns seinen Vater gebeten hat.

> «Dass sie eins seien, wie wir eins sind,
> ich in ihnen und du in mir,
> damit ihre Einheit vollkommen sei.»
> Joh 17,22−23

+

Diese Einheit ist die Frucht der Vereinigung eines jeden von uns mit Jesus Christus. Jede Vertiefung dieser Einheit mit Jesus knüpft ein neues Band mit unseren Brüdern. Und umgekehrt, alles, was uns von den Brüdern trennt, trennt uns auch vom Herrn.

Teilhaben an seinem Leib und seinem Blut ist nicht etwa ein Akt, der nur uns betrifft. Er einigt uns mit dem ganzen Leib, bindet uns aneinander und veranlasst uns, der Person des Bruders, der vom selben Brot isst, ehrfürchtig zu begegnen.

Unsere brüderliche Liebe ist also das Ergebnis der Liebe des Herrn, das neue Gebot, die Frucht seiner Menschwerdung, der Vereinigung des göttlichen Wortes mit unserer menschlichen Natur. Jesus ist der Meister, das Haupt, das Prinzip der Einheit aller:

> «Wie ich euch geliebt habe,
> so sollt auch ihr einander lieben.
> Daran werden alle erkennen,
> dass ihr meine Jünger seid,
> an der Liebe, die ihr füreinander habt.»
> Joh 13,34−35

+

Die brüderliche Liebe im Sinn Christi übersteigt bei weitem die Sympathien und natürlichen Zuneigungen:

«Wer ist meine Mutter und wer sind meine Brüder?» sagte der Herr, und auch: «Wenn ihr jene liebt, die euch lieben, welches Verdienst hättet ihr dabei?... Machen es die Heiden nicht ebenso?»

Wir müssen also jene lieben, die uns nicht lieben, jene, für die wir keine natürliche Sympathie haben. So weit muss unsere Liebe gehen, damit die Einheit unserer Gemeinschaft entstehe.

Eine solche Liebe nimmt das Auseinanderstrebende auf, sie schafft die Ehrfurcht, die Verständigung, den Austausch, den Dialog und bildet so in Christus die Einheit.

> «Die Liebe ist geduldig,
> die Liebe dient...
> Sie tut nichts Hässliches,
> sie sucht nicht ihr eigenes Interesse...
> sie entschuldigt alles, sie glaubt alles,
> sie hofft alles, sie duldet alles.»
> 1 Kor 13,4−7

+

Diese Liebe ist aufmerksam für die Bedürfnisse aller. Sie wacht über die Schwächsten, über jene, die in ihrem Herzen Wunden tragen, über die Kranken, über die bejahrten Brüder, denn sie nimmt in jedem von ihnen die Gegenwart Christi wahr: «Was ihr einem der Geringsten getan habt, das habt ihr mir getan.»

Eine echte Liebe begnügt sich nicht mit guten Worten:

«Kindlein, wir wollen nicht mit
Wort und Zunge lieben,
sondern in Tat und Wahrheit.»
1 Joh 3,18

+

Brüder, an der konkreten Verwirklichung dieser brüderlichen Liebe können wir die Wirklichkeit und die Tiefe unserer Liebe zu Gott ermessen, denn wir können nicht den, der gezeugt hat, lieben, ohne die zu lieben, die aus ihm geboren sind:

«Wir wissen, dass wir vom Tod
ins Leben gegangen sind,
weil wir unsere Brüder lieben.»
1 Joh 3,14

Kapitel 29: Die Zahl der Brüder

Bei einer ganz einfachen, auf Gott hingeordneten Lebensweise ohne Tätigkeit nach aussen braucht es keinen zahlreichen Bestand. Er ist bereits vollzählig, wenn nur zwei oder drei Brüder da sind: «Wo zwei oder drei in meinem Namen versammelt sind, da bin ich mitten unter ihnen.» Jesus selbst nahm nur drei Jünger mit auf den Berg, wo sie mit ihm beteten.

+

Damit gegenseitige Hilfe und ein gewisser Wetteifer eher möglich sind, ist allerdings zu wünschen, dass die

Zahl der Brüder in den Gebetsgruppen grösser sei. Man bleibe aber im Rahmen der Grösse einer Familie.

Eine kleine Anzahl setzt engere und auch anspruchs-vollere Beziehungen zum geistlichen Vater und unter den Brüdern voraus und verlangt auch mehr Transparenz. In allen Äusserungen des Gemeinschaftslebens fällt es leichter, die Einfachheit und die Armut zu wahren ohne die Komplikationen, die eine zahlreichere Gruppe mit sich bringt.

Um den Schwierigkeiten vorzubeugen, die durch die Abgeschiedenheit oder die zu geringe Anzahl von Brüdern entstehen können, wäre es gut, wenn mehrere kleine monastische Gemeinschaften des gleichen Geistes zusam-menarbeiten, Brüder austauschen und sich gegenseitig unterstützen könnten. Die gleiche gegenseitige Hilfe kann mit einigen grossen Klöstern ins Auge gefasst werden.

+

Wenn die Brüder in grösserer Zahl vereinigt sind, teilt die Regel der Mönche die Gemeinschaft in kleinere Gruppen ein. Jede dieser Gruppen untersteht der Ver-antwortung eines Bruders. Man gelangt so wieder zur Dimension der Familie, was den Zusammenschluss, den Austausch und die brüderliche Hilfe erleichtert. Welches auch die Anzahl der Brüder in unserer Gemeinschaft ist, wir müssen wissen, dass der Herr sie nicht zufällig gewählt hat.

Sie vertreten uns gegenüber alle unsere andern Brüder auf der Erde. Wenn wir die Weggefährten, die der Herr uns zur Seite gestellt hat, nicht lieben, wie können wir dann die lieben und denen dienen, die wir nicht sehen, aus allen Rassen, allen Nationen, für die wir auch unser Leben geben sollen?

Kapitel 30: Das Wort

Das Wort ist eine Gabe Gottes. Es ist eine heilige Sache, die man mit Ehrfurcht brauchen muss. Wir müssen an die Art, wie Jesus es benützte, denken, er, der das Wort Gottes ist, das Wort des Vaters:

«Was ich von ihm gehört habe,
das künde ich der Welt.»
Joh 8,26

+

Unser Wort muss also, wie das Wort Jesu, einen in der Nähe Gottes, im Schweigen und im Gebet gereiften Gedanken ausdrücken. Es ist nach dem Evangelium der Widerschein von dem, was wir im Herzen haben. Es muss dessen Demut und Einfachheit, die Klugheit und die Unterscheidungsgabe zum Ausdruck bringen.

Es ist uns gegeben worden, damit wir die Wahrheit sagen:

«Dass euer Ja ein Ja sei
und euer Nein ein Nein.»
Mt 5,37; Jak 5,12

+

Da das Wort eine Gabe Gottes ist, muss es vor allem wieder zu Gott zurückkehren. Darin besteht seine allererste Funktion, für jeden Menschen, für jeden Christen und um so mehr für jeden Mönch. Ihre Aufgabe ist es, die Anbetung, die Dankbarkeit, die Liebe, das Lob, das Gebet der Kirche und der Welt zu singen.

Die zweite Funktion des Wortes ist, Austausch, Mitteilung und Gemeinschaft zwischen den Brüdern zu stiften, wie das Gebot der Liebe, das der Herr uns hinterlassen hat, vorschreibt. Das Wort ist uns nicht nur gegeben worden, damit wir unter uns Fragen materieller Natur regeln, sondern auch und vor allem, damit wir uns über die Sache seines Reiches unterhalten.

So fassten das die alten Mönche auf: «Vater, sage mir ein Wort.» Hier wie überall muss immer alles im Gehorsam geschehen, in aller Transparenz. Man wird die Nützlichkeit eines vertraulichen Gedankenaustausches zwischen einzelnen Brüdern an den dauerhaften Früchten beurteilen, die daraus hervorgehen. Ein solcher privater

Austausch soll den Austausch unter allen vorbereiten. Immer wird man damit beginnen, dass man gemeinsam betet.

+

Diese brüderlichen Gespräche müssen vor Gott geschehen und können nur im Klima des Gebetes leben, denn, so versichert uns der heilige Jakobus: Die Zunge, so klein sie auch ist, ist von allen Gliedern des Körpers doch am schwierigsten zu beherrschen. Sie ist eine Quelle, aus der das Süsse und das Bittere, das Reine und das Unreine, das Wahre und das Falsche herausfliessen können.

Wir bitten also den Heiligen Geist, eine Wache vor unseren Mund zu stellen und unser Wort mit seiner eigenen Weisheit zu durchtränken, denn er ist es, der «die Wissenschaft des Wortes» besitzt. Er ist es, der an Pfingsten den Aposteln die Gabe des Wortes und der Sprache gibt.

+

Bevor wir das Wort an unsere Brüder richten, ist es für uns gut, innerlich einen Augenblick Stille zu halten, um uns der Gegenwart des Vaters, des Wortes und des Geistes in ihnen bewusst zu werden. Wir müssen sorgsam darauf achten, die Brüder nicht in ihrer Sammlung zu stören oder gar ihr Gebet zu unterbrechen.

Wenn wir reden müssen, werden wir, ausser in den Stunden der Entspannung, bemessen und mit gesenkter Stimme sprechen. So bleiben auch die Gespräche noch vom Schweigen durchdrungen. Sie zeugen von Sammlung, Selbstbeherrschung und Gehorsam gegenüber Gott.

Kapitel 31: Das Schweigen

Die monastische Gemeinschaft lebt im Schweigen, sie schöpft ihre Kraft aus dem Schweigen, sie entfaltet sich im Schweigen. Denn das Schweigen gehört zu jenen

Elementen der Einsamkeit und des verborgenen Lebens in Gott, die zum Innersten des Mönchtums gehören.

Es handelt sich nicht nur um eine persönliche Angelegenheit, sondern um ein gemeinsames Werk, von dem das Gebetsleben des Klosters und sein Wirken in der Kirche abhängen.

Wir müssen uns alle anstrengen, damit das Haus, das der Herr uns anvertraut hat, ein Ort der Sammlung und des Hinhörens sei.

+

Das Schweigen der Mönche ist nicht einfach auf ein Fehlen von Lärm und Unterhaltung zu reduzieren. Es ist aber auch nicht nur Abwesenheit von Gedanken, eine Art Leere oder eine Konzentration auf sich oder irgendein anderes Objekt.

Es ist wesentlich ein Aufmerken auf Gott, eine Sehnsucht nach Gott als Frucht der Tugend der Hoffnung. Es ist eine Art und Weise, im Gebet zu sein und zu bleiben. Es ist nach der Regel der Mönche das Warten des Jüngers, der schweigt, um die Stimme seines Meisters zu hören, diese Stimme, die nur in der Tiefe des Schweigens wahrnehmbar ist.

Denn Gott wohnt in der Tiefe des Schweigens. Er ist der Schweigende, der über all unseren Worten schweigt, und keines vermag ihn zu fassen. Man kann nicht in die Gemeinschaft mit Gott treten, ohne das Oberflächliche zu verlassen, ohne in diese tiefe Zone des Schweigens einzudringen, wo der Herr uns erwartet.

Um diese Tiefe zu erreichen, muss man das Schweigen der Lippen bewahren und viel mehr noch das des Gedächtnisses, der Vorstellungskraft, der Pläne, der Wünsche und der Leidenschaften. Wozu ist es gut zu schweigen, wenn das Herz eine Oberfläche ist, über die unruhiges Getue und Träume streichen, ein Weg, auf dem die Saat des Evangeliums sogleich zertrampelt wird. Einzig das Schweigen schafft «das tiefe Erdreich», in das das Wort eindringen kann.

Und sobald das Wort Gottes sich in einem so vorbereiteten Herzen vernehmen lässt, ist das Schweigen die

Gebärde des Hinhörens, der Betrachtung und der Anbetung. Das Wort wird «in der Verborgenheit tiefsten Schweigens» bewahrt, es sei denn, die erhaltene Gnade begeistere zum Lobgesang.

Das Mönchtum ist wesentlich ein Zustand des Schweigens und der verborgenen Anbetung, aus der das Lob entspringt.

+

Weil wir in der Gegenwart des Herrn leben, weil wir sein Wort erwarten und empfangen, weil wir von ihm ergriffen sind, deshalb, Brüder, halten wir ganz von selbst unter uns das Schweigen.

So zahlreich wir auch im Kloster sein mögen, das Schweigen macht es möglich, dass wir uns in uns selbst zurückziehen, um Gott im Verborgenen anzubeten. Es erlaubt uns, mitten unter unseren Brüdern als Einsiedler zu leben. Es trennt uns in gewissem Sinne voneinander. Es zwingt uns dazu, uns von jenen natürlichen Neigungen zu lösen, die ein Hindernis auf dem Weg sind, von Kräften, die unsere Verfügbarkeit hemmen, auf die Stimme des Geistes zu hören.

Wir müssen aber auch sagen, dass uns das Schweigen vereinigt, denn es erlaubt uns, uns tiefer und wahrer zu lieben, «in der ganzen Reinheit der Selbstlosigkeit». Es ist der verborgene Ort, wo wir uns alle vor Gott wiederfinden, der Ort, an dem wir in Gott die Präsenz der ganzen Schöpfung wahrnehmen. So ist das Schweigen also nicht nur unsere Präsenz vor Gott, sondern auch unsere Präsenz für alle unsere Brüder, die unter seinen Augen ihren Weg gehen. Es ist ein Hinhören auf die Welt, eine Bereitschaft zur freundschaftlichen Aufnahme und Öffnung.

+

Dieser Zustand des Schweigens und des Aufnehmens ist so innig mit dem monastischen und dem kontemplativen Leben verbunden, dass man alles tun muss, damit er bleibe.

Regelmässige Erholungszeiten wird man nicht aufzwingen. Die nötige Entspannung wird durch die Arbeit der Hände, den freien Austausch unter den Brüdern, die gemeinsamen Ausgänge gesichert sein.

Die Brüder können auch nach dem Ruf der Gnade und im Mass der Möglichkeiten darum bitten, über Tage der Einsamkeit im Feld, in den Bergen oder in Einsiedeleien verfügen zu dürfen.

Die jährlichen Exerzitien können, wenn sie nicht für die ganze Gruppe gemeinsam organisiert werden, ebenso in Einsiedeleien gehalten werden, manchmal auf einer Wallfahrt oder in irgendeinem andern Haus, um aus dem Wechsel des spirituellen Klimas oder des Unterrichts Nutzen zu ziehen.

Kapitel 32: Die brüderliche Gemeinschaft

Der Geist des Herrn hat uns nicht vereinigt, damit wir unter demselben Dach nebeneinander vorbeileben, jeder unabhängig von den andern an seiner eigenen Heiligung arbeitend. Wir sind nicht nur Brüder, die zusammen leben: Wir sind Glieder untereinander. Wir bilden einen einzigen Leib, den Leib Christi:

> «So sind wir als viele ein einziger Leib
> in Christus,
> und untereinander sind alle Glieder,
> jeder zu seinem Teil.»
> «Wir alle sind
> in einem einzigen Geist getauft,
> zu einem einzigen Leib...
> Wir alle sind
> mit einem einzigen Geist getränkt.
> Der Leib besteht nicht
> aus einem einzigen Glied,
> sondern aus mehreren.»
> Röm 12,5; 1 Kor 12,13–14

+

Nicht alle Glieder des Leibes haben dieselbe Funktion. Der Geist des Herrn versieht jeden von uns mit verschiedenen Gaben und Charismen. Nicht nur zu unserem persönlichen Gewinn vertraut er sie uns an, sondern zum Wohl unserer Brüder und für den Aufbau des ganzen Leibes. Sie stehen im Dienst aller nach dem Gebot der Liebe:

«Es gibt verschiedene Gaben,
aber es ist derselbe Geist,
es gibt verschiedene Ämter,
aber es ist derselbe Herr,
es gibt verschiedene Arten des Wirkens,
aber es ist derselbe Gott,
der alles in allen wirkt.
Jeder erhält die Gaben,
den Geist zu bekunden
im Hinblick auf das Wohl aller.»
1 Kor 12,4—7

Diese Gaben können den Leib des Herrn sichtbar aufbauen: so das prophetische Wort, das die Herzen berührt, die Unterscheidung der Geister, die Gabe, zu lehren oder zu ermahnen, die Gabe der Barmherzigkeit und des Beistandes.

Sie können auch im tief verborgenen Leben der Mönche Ausstrahlung geistlicher Art sein, die sich unsichtbar, schweigend, ohne Wissen der andern, im Verborgenen der Gemeinschaft der Heiligen auswirkt.

+

Brüder, wir haben niemals das Recht, uns die Gaben, die der Herr uns anvertraut hat, zunutze zu machen. Er hat sie uns nicht gegeben, um uns stolz zu machen, damit wir die andern beherrschen, sondern damit wir ihnen in aller Demut dienen.

Wir müssen in diesem selben Geist der Demut und des Gehorsams annehmen, dass unsere Brüder Funktionen und Gaben haben, die wir nicht haben. Es tut uns gut, dass wir sie nötig haben. So begreifen wir besser, dass wir einen einzigen Leib bilden im Herrn.

Kapitel 33: Der Vater im Schoss der brüderlichen Gemeinschaft

Die Mönche sind Gottsucher. Sie haben sich immer um einen Führer oder geistlichen Vater gesammelt, der ihnen bei ihrem Weg helfen sollte.

Die monastischen Gemeinschaften «kämpfen unter einer Regel und einem Abt». Das ist einer ihrer charakteristischen Züge innerhalb der Kirche. Die Gegenwart des Vaters, Ausleger einer Regel der Heiligkeit und seiner eigenen Erfahrung, gibt ihnen eine ihnen eigene Dimension, eine Dimension, die von oben kommt.

+

Der Vater ist inmitten der Brüder der Diener der Einheit. Er ist der Hirt, der im Namen Jesu sammelt und eint. Er wacht über das Verständnis, die brüderliche Liebe, die gegenseitige Hilfe. Er koordiniert die Bemühungen und sichert die Gemeinschaft aller in demselben Lebensideal.

Deshalb muss natürlich zwischen ihm und den Brüdern eine völlige Transparenz bestehen, damit er die Möglichkeiten der einen und der andern erkennen kann, die Charismen unterscheiden und jedem die Aufgabe geben, die ihm zukommt im Aufbau des Leibes des Herrn.

Jeder Schatten zwischen dem Vater und den Brüdern bricht die Einheit der Gemeinschaft. Er schwächt sie vor Gott und vor den Menschen.

+

Gemäss dem Willen des Herrn muss der Vater inmitten der Brüder leben «als der, der dient». Um diesen Geist zu bezeugen, wird er gern die eine oder andere der demütigsten Aufgaben im Dienste aller erfüllen, wenn er kann.

Aber er ist vor allem der Diener der Schwächsten, all jener, die Hilfe nötig haben. Er wird voller Aufmerksamkeit für diese sein nach dem Beispiel des Herrn. Er wird nicht nur eine einzige Art zu wirken haben, sondern er wird versuchen, gemäss der Regel der Mönche sein Wirken den Bedürfnissen eines jeden anzupassen.

+

Selber nur Diener, muss der Vater darüber wachen, dass der ihm geschuldete Gehorsam nie bei seiner Person aufhört: Das wäre nicht mehr der Gehorsam gegenüber Gott. Das ganze religiöse Leben der Brüder wäre verfälscht.

Der Vater nimmt an der Sendung Johannes des Täufers teil. Er bereitet den Weg des Bräutigams, dann zieht er sich freudig zurück, sobald er seine Stimme hört:

> «Dieser muss wachsen,
> ich aber abnehmen.»
> Joh 3,30

Kapitel 34: Der Name «Vater»

Der Vater ist und bleibt immer «ein Bruder inmitten seiner Brüder».

Es ist ihm nach dem Evangelium nicht erlaubt, den Namen «Vater» zu tragen wie einen Namen, der ihm gehörte. In der Fülle seiner Bedeutung gehört dieser Name nur Gott.

+

Aber es gibt nichts im Herzen des Vaters im Himmel, das nicht seinen Widerschein fände im Werk seiner Hände. So gibt er bestimmten Söhnen das Amt, etwas von seiner eigenen Vaterliebe ihren Brüdern auf Erden zu offenbaren. Sie sind die Werkzeuge dieser Liebe, die von oben kommt.

Dieser göttliche Widerschein ist es, den der heilige Paulus meint, wenn er versichert, dass jede Vaterschaft auf Erden ihren Namen von der Vaterschaft Gottes hat. Dieser Widerschein ist es, den die ersten Mönche meinten, wenn sie den Namen Abba jenen gaben, die ihnen halfen, das Leben mit Gott auf sich zu nehmen.

+

Der Vater muss also ein lebendiges Bild der Fürsorge des Vaters im Himmel und seines Sohnes sein. Er wird dies durch seine taktvolle Freundlichkeit, sein Hinhören, seine für die Bedürfnisse eines jeden stets wachsame Aufmerksamkeit, seine Milde und seine Festigkeit, seine dienstbereite Verschwiegenheit, seine Ehrfurcht vor der Person tun.

Er wird die kleine Zelle der Kirche, die ihm anvertraut ist, durch seinen eigenen Gebetseifer, durch mitreissendes Beispiel, seine Belehrung und seine geistliche Führung auf dem Weg der Heiligkeit festhalten.

Er hilft jedem Bruder, sich jener menschlichen und göttlichen Berufung zu überlassen, die seine eigene ist, ein ganz besonderer Anruf Jesu an ihn. Dieser Ruf ist sein persönlicher, sichtbarer oder unsichtbarer Beitrag für das Leben der Gemeinschaft. Er wird ihm helfen, durch allen Verzicht hindurch seinen Weg zu finden zu jener Reife, die in der selbstlosen Hingabe und in der Fülle der Liebe liegt.

+

Der Vater kann auch dazu berufen sein, an sich selbst zu erfüllen, was an den Leiden Christi noch fehlt.

Gerade diese Solidarität mit dem Leiden seines Meisters macht ihn wahrhaft zum Vater und bezeugt die Echtheit seiner Liebe. Von diesem Beitrag kann es abhängen, ob es den Brüdern leichter fällt, ihre eigene Bürde mit Frohmut zu tragen und auf dem Weg der Heiligkeit voranzukommen.

+

Alle sind übrigens auf eine innige Weise mit diesem geistlichen Wirken verbunden. Es ist das gemeinsame Werk des ganzen Klosters, eine Last, die gemeinsam getragen wird. Für die Heiligung unserer Brüder haben wir alle eine Rolle zu spielen. Und diese wird um so bedeutender sein, je tiefer unsere Einigung mit Gott ist.

Die Grossmütigkeit und die standhafte Anstrengung, die Treue im Gebet und das zartfühlende Verständnis für die Brüder können eine Gemeinschaft verwandeln und sie Gott und den Menschen angenehm machen.

Kapitel 35: Die Ernennung zum Vater

Die Ernennung des Mönches, der unter den Brüdern den Herrn und seinen Vater vertreten soll, erfordert eine dreifache Wahl.

+

Zuallererst erfordert sie die Wahl des Herrn, denn es steht nur ihm zu, den zu ernennen, dem er die Schafe seiner Herde anvertrauen will. Vielleicht wird er ihn im Verborgenen seines Herzens fragen: «Liebst du mich?... Weide meine Schafe.»

Er vollzieht diese Wahl durch eine Reihe von Ereignissen oder providentielle Anordnungen, manchmal auch durch natürliche oder übernatürliche Gaben, die einen gemeinschaftlichen Menschen auszeichnen können. Diese Gaben sind wie ein Widerschein von der Gnade des Hauptes, die in Christus Jesus ist. Dieser aber liebt es, sich auch sehr armer Werkzeuge zu bedienen.

Es gibt Klostergründer, die nur durch den Herrn ernannt wurden. Von seinem Geist bewegt, haben Jünger sie aufgesucht, um mit ihnen zu leben.

+

Das Zweite ist die Wahl durch die Brüder. Ganz im Geist des Glaubens und nach langem Beten haben sie den zu wählen, der ihnen am fähigsten erscheint, mitten unter ihnen den Platz Jesu Christi einzunehmen.

Sie werden ihn möglichst aus ihrem Kreis wählen, sei es aus den Brüdern, die gemeinschaftlich leben, oder aus den Eremiten. Das Priestertum ist nicht erfordert, um dieses Amt auszuüben, aber der Erwählte muss fähig sein, die Brüder auf dem Weg der Heiligkeit zu leiten.

Wenn der, der gewählt wurde, noch nicht die ganze Erfahrung und die erforderte Meisterschaft haben sollte, dann wäre er vorerst einfach der Hirt, verantwortlich für die Brüder. Er kann später in seinem Amt bestätigt werden und den Namen «Vater» erhalten.

+

Dann erhält er den Sendungsauftrag durch die Kirche.

Dieser Sendungsauftrag vertraut jenem, den die Brüder ernannt haben, die Gnaden an, die er nötig hat, um den Teil der Kirche, der das Kloster bildet, zu leiten.

Eine eigentliche Vollmacht, die er von den Nachfolgern der Apostel erhält, macht den Vater für den Schutz und die Heiligung aller verantwortlich sowie auch für ihre Eingliederung in das Gefüge des Leibes Christi.

+

Die Sendung des Vaters geschieht nicht notwendigerweise auf Lebzeiten. Ein anderer ist der, der sät, ein anderer, der erntet.

Die Liebe, die er seinen Brüdern entgegenbringt, wird ihn veranlassen, auf sein Amt zu verzichten, sobald er seine Last nicht mehr zu tragen vermag aus Gründen des Alters, der Krankheit oder aus irgendeinem andern Grund, wie zum Beispiel, dass da ein Bruder ist, der sich ausgezeichnet für dieses Amt eignet. Er wird der Ansicht der Gemeinschaft Rechnung tragen, und er wird sich, um im Gehorsam zu bleiben, dem Urteil des Obern, von dem er abhängt, anheimstellen.

Der Vater, der sein Amt niederlegt, muss sich vielleicht für eine bestimmte Zeit aus seinem Kloster entfernen. Dennoch werden die Brüder ihm weiter den Namen Vater geben. Denn er muss sein Werk, das er begonnen hat, weiterführen durch die ununterbrochene Fortdauer seines Betens, durch sein verdienstvolles Leben und durch seinen Tod. Ein Teil seines Amtes bleibt, und zwar nicht der geringste.

Kapitel 36: Die Versammlung der Brüder

Brüder, wir bilden alle zusammen eine kleine Zelle, die in die ganze Kirche eingefügt ist.

Wenn wir uns «im Namen des Herrn» versammeln, machen wir die Realität und Einheit dieser Zelle ersichtlicher. Wir machen sie lebendiger. Nach seinem Versprechen ist Jesus mitten unter uns. Wir nehmen daher intensiver Anteil am Werk des Geistes, der den ganzen Leib belebt.

+

Wir müssen also in unserem Herzen eine tiefe Achtung und eine grosse Liebe für alle unsere brüderlichen Versammlungen hegen: die Versammlungen zum Gebet, die den ganzen Tag einteilen, und diese andere Versammlung, die ganz einfach, familiär ist, wo wir uns mit dem Vater zusammenfinden, um zu hören, auszutauschen und zu teilen.

Sie ist zusammen mit der Eucharistie und dem spontanen Gebet einer der Feuerherde, wo sich das Leben der Gemeinschaft zusammenschmiedet und am besten ausdrückt. Sie ist gleichzeitig das Werkzeug und der Widerschein unserer Gemeinschaft. Da jene hier unten nie die Vollendung erreicht, die sie in der andern Welt haben wird, sind unsere irdischen Versammlungen ständiges Suchen. Sie zeigen die Spannungen, den Fortschritt in der Einheit, in der Liebe und in der gegenseitigen Hilfe oder den Rückschritt des gemeinschaftlichen Lebens.

Es ist wichtig, sich zuallererst dem Gebet hinzugeben, damit jeder der Brüder und die ganze Versammlung auf den Heiligen Geist hört, der hier am Werk ist. Wir bemühen uns, unser Herz in der Einheit mit dem des Herrn zu bewahren. Es ist nicht sinnvoll, uns mit unsern Brüdern zu unterhalten, als ob er nicht unter uns wäre.

+

Dies ist der Augenblick, die Neuigkeiten, die die klösterliche Familie oder das eine oder andere ihrer Glieder interessieren, mitzuteilen, Rechenschaft abzulegen über das, was getan wurde, gemeinsam die kommenden Tage vorzubereiten: Wachen, Liturgie, zu erfüllende Arbeiten. Damit alles im Gehorsam gegenüber dem Herrn geschehe, weist der Vater jedem seine Aufgabe zu.

Der Vater kann auch aus dem Schatz der Schriften Neues und Altes, das die Brüder stärken kann, hervorholen. Es ist an ihm, die Erneuerungen, die Vertiefungen und die Teilungen anzuregen oder einen der Brüder zu bitten, einen Vortrag zu halten. Jeder handelt nach der Gnadengabe, die ihm zur Erbauung aller gegeben ist.

Ermahnung des Vaters, Gespräch und Austausch unter den Brüdern tragen dazu bei, eine gemeinsame Seele zu formen, die zur Einheit im Denken, in den Idealen und im Urteilen führt und die Unterschiede akzeptiert.

+

Wir sind also zusammengeführt, um uns näher kennenzulernen, uns in der Einfachheit und der Demut unsere persönlichen Erfahrungen und unsere Schwierigkeiten mitzuteilen.

Eine kleine Gemeinschaft bringt es mit sich, dass sich eine doppelte Transparenz einstellt: die Transparenz zwischen jedem der Brüder und dem Vater, gemäss der ganzen monastischen Tradition, und die Transparenz der Brüder untereinander.

Wir dürfen diese nicht um ihrer selbst willen suchen, in der Art eines Ersatzes oder aus Bedürfnis nach nahen Beziehungen oder um die Aufmerksamkeit auf uns zu ziehen, sondern um mehr Wahrheit zwischen uns zu verwirklichen im Hinblick auf eine bessere Nachfolge des Herrn. Diese Offenheit darf weder für unsere Brüder noch für uns selbst je peinlich oder gefährlich werden.

Sie kann auch im spontanen Gebet erreicht werden.

+

Jedenfalls lädt uns Jesus ein, die Fassaden, die ihm so missfallen, niederzureissen: «Nach aussen erscheint ihr gerecht..., aber im Innern seid ihr voller Heuchelei und Ungerechtigkeit.»

Es wird uns deshalb ein Anliegen sein, nichts von unseren Schwächen und Fehlern zu verschleiern. Es gibt streng genommen keine persönlichen Fehler. Sie alle verursachen einen Rückstand in der Heiligung der Gruppe, einen Mangel in der Kirche.

Wir müssen zuallererst wiedergutmachen, noch vor dem Sonnenuntergang, sagt der heilige Paulus, was der brüderlichen Liebe entgegengesetzt war: «... Geh zuerst und versöhne dich mit deinem Bruder.»

In aller Demut und ganz frei, nach dem Ruf der Gnade oder der Verfassung, in der wir uns befinden, können wir uns dann die Fehler offenbaren, wenn es zum Nutzen der Brüder ist:

> «Bekennt also einander eure Sünden
> und betet füreinander,
> damit ihr geheilt werdet.»
> Jak 5,16

+

Die ganze Versammlung muss sich in einem Klima brüderlicher Liebe, des Gehorsams gegenüber Gott und des Dankes für alles, was der Geist des Herrn unter uns wirkt, abwickeln und so zu ihrem Abschluss kommen.

Kapitel 37: Suchen nach dem Willen des Herrn

Es ist Aufgabe des Vaters, da er ja den Herrn vertritt, dessen Willen wahrzunehmen und ihn seinen Brüdern mitzuteilen. Aber er soll über diese Wahrnehmung nicht allein entscheiden, sondern in vollkommenem Einvernehmen und Übereinstimmen mit den Brüdern, die von Gott die Gabe des Rates, der übernatürlichen Klugheit oder das Charisma der Unterscheidung der Geister erhalten haben.

Um den Willen des Herrn besser zu erkennen, wird sich der Vater von seinen persönlichen Ansichten und seinem eigenen Willen lösen. Er wird dem gegenüber, was Gott verlangt, der Gehorsamste sein, den Eingebungen des Heiligen Geistes gegenüber der Aufmerksamste und der Gelehrigste.

Er wird den ganzen Tag aufmerksam auf Gott hören. Zuallererst im Gebet und in der Betrachtung des Wortes. Er wird eine Überlastung vermeiden, die ihn abhalten könnte von den Zeiten inneren Gespräches mit dem, den er vertritt. Diese Zeiten sind für seine Aufgabe wesentlich. Sein Gebet ist das des Familienvaters, der die Interessen aller bei sich trägt und vor den Herrn bringt.

+

Auch im Herzen der Brüder erklingt die Stimme des Heiligen Geistes, denn dieser spricht und wirkt in jedem von ihnen und in der ganzen Gruppe.

Am Vater ist es, diese Stimme zu hören und zu befragen. Er kann und muss jeden der Brüder im besondern fragen und sie mit Aufmerksamkeit anhören. Er muss auch die in der Versammlung vereinten Brüder fragen.

Wenn es sich um eine Frage handelt, die die ganze Gemeinschaft betrifft, wird er die Fakten allen vorlegen und zum Gebet und Nachdenken auffordern. Erst in einer der folgenden Versammlungen können die Brüder aufgerufen werden, ihre wohlüberlegte und begründete Ansicht darzulegen. Sie sollen das in aller Uneigennützigkeit tun, ohne das durchsetzen zu wollen, was ihnen persönlich nützlich und angenehm wäre, sondern das, was dem Wohl aller und dem Willen Gottes gemäss ist. Dann wird der Vater im Gebet die Entscheidungen treffen, die sich aufdrängen. So bleiben alle im Frieden.

In wichtigeren und einigen andern Angelegenheiten kann es gut sein, wenn er die Verantwortung für den Beschluss nicht allein auf sich nehmen muss, sondern wenn dieser von der ganzen Gruppe getragen wird.

In den kleinen Gruppen vor allem kann der Vater in einer Frage, die den einen oder andern von ihnen persönlich angeht, die Ansicht aller Brüder einholen, vorausgesetzt, dass die Betroffenen es wünschen.

Der Geist des Herrn kann das Herz seiner im Gebet und in der Liebe vereinten Brüder erleuchten. Er kann das sogar durch die Stimme des Jüngsten tun, sagt die Regel der Mönche.

+

Wenn die Brüder sich an den Vater wenden, um den Willen Gottes zu erfahren, dann sollen sie eine so starke Glaubensgesinnung haben, dass sie durch die menschlichen Unvollkommenheiten und Beschränkungen hindurch die Stimme dessen vernehmen, der für sie den Herrn vertritt.

Wenn sie sich an den Menschen wenden, wird die Antwort vielleicht nur die eines Menschen sein. Wenn sie sich aber an Gott wenden, wird es die Antwort Gottes sein. Ihre Glaubensgesinnung wird für den Vater und für sie Quelle des Lichts sein.

Kapitel 38: Die Barmherzigkeit, die Vergebung, die gegenseitige Hilfe

Jesus fordert uns auf, unseren Vater im Himmel nachzuahmen. «Seid barmherzig, wie euer Vater im Himmel barmherzig ist.»

Unser Herz, wie das unseres Vaters und das Jesu, muss voll Mitleid sein für alle jene Brüder, die in Schwierigkeiten sind, für alle, die leiden, für alle Sünder. Wir wissen, wie gebrechlich wir selber sind, immer auf der Schwelle, schwach zu werden.

+

Wir dürfen in uns nicht strenge und endgültige Urteile hegen, denn Jesus hat verlangt, dass wir überhaupt nicht urteilen: «Richtet nicht, und ihr werdet nicht gerichtet werden. Verdammt nicht, und ihr werdet nicht verdammt werden.»

Wir sollen ganz im Gegenteil an die Wirksamkeit der Gnade im Herzen unserer Brüder glauben, wenn wir wollen, dass sie auch in uns wirksam sei, denn Gott wird bei uns denselben Massstab anlegen.

Wir sollen bereit sein zu verzeihen, sagt der Herr, bis siebzig mal siebenmal. Nichts steht so im Widerspruch zum Evangelium wie die Verweigerung des Verzeihens. Nichts wirkt so zerstörend für die brüderliche Gemeinschaft, als wenn man in sich, selbst im geheimen, Groll hegt. Das ist ein Makel, der das Herz schwer macht und auf das Leben einer ganzen Gemeinschaft seine Rückwirkungen haben kann:

> «Da ihr von Gott auserwählt,
> geheiligt, geliebt seid,
> bekleidet euch mit Mitgefühl, Wohlwollen,
> Demut, Milde, Geduld.
> Ertragt einander...
> Verzeiht euch gegenseitig,
> wie der Herr euch verziehen hat...
> Und über all dem ziehet die Liebe an,
> die das vollkommene Band ist.»
> Kol 3,12–14

+

Auf keinen Fall wollen wir uns von den Brüdern, die leiden, wegwenden wie der Priester oder der Levit, im Gegenteil, wir kommen ihnen durch das Beispiel und das Gebet, manchmal durch ein Wort des Trostes oder ein diskretes Eingreifen zu Hilfe:

> «Wenn dein Bruder gesündigt hat,
> suche ihn auf,
> weise ihn unter vier Augen zurecht.
> Wenn er auf dich hört,
> so hast du deinen Bruder gewonnen.»
> Mt 18,15

+

Man darf nicht in einem Anfall von Wut oder bitterem Eifer handeln, um in den andern das zu unterdrücken, was uns missfällt. Jedes Eingreifen muss die Frucht der Liebe sein, die wir unsern Brüdern entgegenbringen, unseres Wunsches, sie im Herrn fortschreiten zu sehen.

Es braucht manchmal Mut, unsere ängstlichen Bedenken zu überwinden und diesen Schritt zu tun. Unsere Beziehungen haben nicht immer die erforderliche Offenheit und Mannhaftigkeit. Wir sollten auch sehr demütig sein, denn es ist möglich, dass auch wir etwas im Auge haben, einen Splitter oder einen Balken.

Unser Eingreifen verlangt die Unterscheidungsgabe des Herrn. Es muss zur richtigen Zeit geschehen. Wir können um Rat fragen.

+

Wenn wir selbst eine Mahnung erhalten, dann sind wir es, die Anlass haben, uns tief zu demütigen. Unsere erste Reaktion ist nicht immer die der freiwilligen Annahme. Oft reagieren wir mit Widerspruch und Aggressivität. Es kann gut sein, dem zuvorzukommen, indem wir darum bitten, dass man uns in aller Offenheit sagt, was bei uns nicht in Ordnung ist.

Der Vater seinerseits muss mit Dank und wenn möglich mit guter Laune jene empfangen, die zu ihm kommen, um ihm offen zu sagen, was sie nicht verstehen oder an seinem Verhalten nicht billigen. Es wäre nicht in Ordnung, wenn er als einziger in der Gruppe nicht von dieser brüderlichen Hilfe profitieren könnte, wo er doch das schwerste Amt ausübt.

Er vermeidet auf diese Weise, Anlass zum Murren zu geben. Denn das Murren ist eine Frucht voll Bitterkeit, selbst wenn es im Herzen vergraben bleibt. Es zerstört jeden Gehorsam in der Liebe, jede brüderliche Gemeinschaft, jedes Leben im Geist.

Kapitel 39: Der Stundenplan der Mönche

Brüder, der Stundenplan der Mönche ist kein Reglement, das die täglichen Pflichten vorschreibt. Er ist der freudige Rhythmus unseres Lebens im Herrn. Er ist der Ausdruck unserer Treue, unseres brüderlichen Einvernehmens. Er ist Ausdruck einer Harmonie.

+

Harmonie mit der ganzen Schöpfung. Denn Gott hat sein Werk in einen Zeitplan gefügt. Dieser Zeitplan ist die Grundlage aller andern.

Die Zeiten, sagen die Schriften, sind durch die Sonne und den Mond festgesetzt, wie die Reihenfolge der Wochen und das Spiel der Jahreszeiten. Wir wissen weder den Tag noch die Stunde, wo alles stillsteht.

Die alte Lebensweise der Mönche fügte sich in der Empfindsamkeit des Gehorsams in diesen Gesang der Schöpfung ein. Sie verband sich mit ihrem wechselnden Rhythmus. Sie wusste um die Morgenröte, den Sonnenuntergang oder das Geheimnis der Nacht.

+

Der Stundenplan ist auch der Ausdruck der Harmonie, der zwischen Gott und uns bestehen soll, zwischen dem Augenblick, den wir leben, und dem ewigen Plan unseres Vaters im Himmel.

Deshalb fügt es sich gut, dass jede der einzelnen Etappen des Tages und der Nacht belebt wird durch «Hören des Werkes Gottes». Sie haben ihren Namen von dem Abschnitt des Tages, den sie einen nach dem andern Gott darbringen. Der für sie bestimmte Hymnus besingt den Abschnitt des Tages, in dem wir uns gerade befinden, oder die Heilsgeschehnisse, die sich in diesen Stunden ereignet haben: Epiphanie des über die Welt erstrahlenden Lichtes, Herabkunft des Heiligen Geistes auf unsere Erde, Leiden des Herrn, freudvolles Licht, das unsere Finsternis erleuchtet.

Zwischen diese Gebetszeiten fügen sich unsere täglichen Arbeiten als Gehorsam Gott gegenüber ein. Es ist uns, da wir mit Verstand und Freiheit begabt sind, geschenkt, dass wir uns aus Liebe zum Schöpfer der Harmonie der Schöpfung hingeben können.

Jeder Ungehorsam ist ein Fleck in der Entfaltung des göttlichen Planes, in der von Gott, unserem Vater, gewollten Ordnung.

+

Der Stundenplan drückt auch die Harmonie aus, die unter Brüdern herrschen soll. Er bezeugt ihre Eintracht im Dienst Gottes.

Er legt die Zeiten des Gebetes, der Arbeit, der Ruhe fest, die Augenblicke des Schweigens und der Einsamkeit. Schliesslich gibt er unserem Mönchtum sein wahres Gesicht, indem er den Platz und die Bedeutung der Elemente, aus denen es zusammengesetzt ist, bestimmt.

Man kann versuchen, allen zur gleichen Tageszeit die gleiche Beschäftigung zu geben. Die Brüder profitieren von der Kraft der gegenseitigen Schulung. Doch muss jeder seinen Einsatz beleben durch den Akt der Liebe, und er muss auch fähig sein, allein zu handeln.

Man kann ebenso jedem einzelnen die Verantwortung überlassen, seinen Tag im Rahmen der «Horen des Werkes Gottes» einzuteilen. Diese Arbeit der Zeiteinteilung hat auch ihre Bedeutung für die Gestaltung des Ganzen. So ist zum Beispiel der eine bei der Arbeit, während der andere für ihn vor Gott wacht. Die Harmonie ist so nur noch tiefer.

Aber sie wäre gestört, wenn der eine oder andere seine Zeit, die ihm gegeben ist, um Gott und seinen Brüdern zu dienen, schlecht nützte.

+

Der Stundenplan einer kleinen Gruppe, die wie eine Familie ist, kann sich geschmeidiger gestalten, weniger starr, aber er muss immer ein Zeugnis der Eintracht der

117

Brüder und ihrer täglichen Treue dem Willen Gottes gegenüber sein.

Der Vater hat vom Herrn die Sendung erhalten, über diese Treue, diesen Gehorsam, diese Harmonie zu wachen. Die Regel der Mönche legt ihm nahe, für die «Horen des Werkes Gottes» das Glockenzeichen selber zu geben.

Das ist ein Ruf zum Gebet: Er kommt vom Herrn, er kommt von seiner Kirche, er muss bis auf den Grund unseres Herzens dringen. Wir müssen demütig jeden Tag unsere Aufgabe erfüllen, bis wir in die heilige Stadt eingehen, in das Jerusalem von oben, das weder Sonne noch Mond braucht:

> «Die Herrlichkeit Gottes erleuchtet sie,
> das Lamm ist ihre Leuchte.»
> Off 21,23

II. Zusammenleben in der Armut und im Teilen

Kapitel 40: Arm, wie Jesus es versteht

Der Menschensohn ist in einem Stall geboren worden. Er ist entblösst von allem am Kreuz gestorben. Er verkündet den Armen die gute Nachricht:

«Selig seid ihr Armen,
euer ist das Reich Gottes.»
Lk 6,20

+

Um an dieser guten Nachricht, die den Armen vorbehalten ist, teilzuhaben, müssen wir unser Herz von jeder Anhänglichkeit an die Güter dieser Welt bewahren.

Schon aus dem einfachen Grund, weil sie, wie der Herr sagt, ihrem Wesen nach vorübergehend und kurzfristig sind, weil sie weggetragen werden können von Dieben und Einbrechern, weil man noch in dieser Nacht die Seele von uns zurückverlangen kann.

Aber vor allem deshalb, weil es schwierig ist, sich nicht zu gefallen und auszuruhen in den Annehmlichkeiten und der Macht, die sie verschaffen. Wir hören auf, Pilger zu sein, die dem ewigen Reich entgegenfahren. Wir hören sogar auf, an das zu denken: Dort, wo dein Schatz ist, ist auch dein Herz. Man kann nicht zwei Herren dienen. Wenn man dem einen dient, kommt man so weit, dass man den andern verachtet, ihn vergisst, ihn hasst.

Weil er an seinem Besitz hängt, weigert sich der reiche Jüngling, Jesus zu folgen. Dieser mahnt uns daher:

«Es ist leichter, dass ein Kamel
durch ein Nadelöhr geht,
als dass ein Reicher
ins Gottesreich kommt.»
Mk 10,25

Damit genügt es freilich nicht, nur von Herzen arm zu sein, wenn man sich von den Gütern dieser Welt loslöst. Man muss zudem ein unbegrenztes Vertrauen in den haben, der für uns sorgt.

Er ist unser Vater. Wir gelten in seinen Augen mehr als die Spatzen des Himmels und die Lilien des Feldes. Bevor wir ihn bitten, weiss er, was wir brauchen. Dann haben wir die Zusicherung, die der Herr uns gegeben hat.

> «Suchet zuerst das Reich Gottes
> und seine Gerechtigkeit,
> und das alles wird euch dazugegeben
> werden.»
> Mt 6,33

Man muss beides zugleich haben: die Loslösung von den Gütern dieser Erde und dieses ganz kindliche Vertrauen auf Gott, damit man, wie der Herr es vorschreibt, frei von Gewinnsucht ist und so ausgeben, schenken und teilen kann, wie es das Gebot der Liebe erfordert, das er uns hinterlassen hat.

Mit diesem Geld, das möglicherweise, bevor es zu uns gelangte, eine Quelle von Bosheit und Ungerechtigkeit war, müssen wir uns Freunde in den ewigen Wohnungen machen.

Wenn einmal die Reihe an uns kommt, dorthin zu gelangen, wird nicht das, was wir auf der Erde erwarben und besassen, vor Gott Bestand haben, sondern das, was wir verschenkten.

Und ich sage euch:

> «Macht euch Freunde mit dem
> ungerechten Mammon, damit,
> wenn der einmal verschwunden ist,
> die Freunde euch in die ewigen
> Wohnungen aufnehmen.»
> Lk 16,9

Kapitel 41: Armut der Mönche

In der Nachfolge Jesu, durch seinen Geist geführt, nehmen es die Mönche auf sich, einen engen Weg evangelischer Armut zu beschreiten. Sie übernehmen diese Pflicht durch ein Gelübde, das sie vor Gott dem Vater und vor den Menschen ablegen.

Ihre Pflicht ist es, alles zu geben, sich mit wenig zu begnügen, nichts zu besitzen und alles zu teilen. Es gibt unter ihnen die verschiedensten Arten der konkreten Verwirklichung all dieser Forderungen.

Alles geben

Um die Seligpreisung der Armen innerhalb der Kirche eindrücklicher zu bezeugen, verlangt Jesus von einigen seiner Jünger, dass sie alles den Armen geben. Er hat das verlangt von Antonius, dem Vater der Armen. Er verlangt es von jedem von uns persönlich:

> «Geh, verkaufe alles, was du hast,
> gib es den Armen.
> Dann wirst du einen Schatz
> im Himmel haben.
> Dann komm und folge mir.»
> Mt 19,21

Er verlangt es von der ganzen Kommunität:

> «Fürchte dich nicht, du kleine Herde,
> denn es hat eurem Vater gefallen,
> euch das Reich zu geben.
> Verkauft eure Habe
> und gebt sie als Almosen.
> Macht euch Geldbeutel, die nicht zerreissen,
> macht euch einen Schatz im Himmel,
> der nicht verlorengeht.»
> Lk 12,32–33

Wir tun es zum ersten Mal, wenn wir uns endgültig dem Herrn schenken. Wir werden es miteinander wiederholen müssen, unser ganzes Leben lang, denn das Wort Jesu wird unter uns fort und fort erklingen:

«Gib alles, was du hast,
wenn man von dir den Rock verlangt,
dann gib auch den Mantel.»

Wenn unser Einkommen sich dank unserer Arbeit oder der Spenden, die wir erhalten, vermehrt, dann muss der Überschuss den Armen zurückgegeben werden. Er darf nicht dazu verwendet werden, unsern Lebensstandard zu verbessern oder auf Vorrat gelagert zu werden wie bei jenem Mann, der seine Scheune vergrösserte. Wir dürfen nicht das für später auf die Seite legen, was andere Arme in diesem Augenblick nötig haben. Diese Verteilung der überschüssigen Einnahmen bewahrt uns auf einem konstanten Niveau evangelischer Armut.

Damit das auch ein kollektives Werk ist, werden der Vater und die für die Wirtschaft des Klosters Verantwortlichen die Brüder darüber auf dem laufenden halten, was man dank der einfachen Lebensweise und der Arbeit aller den Armen wieder austeilen kann.

Sich mit wenig zufriedengeben

Wenn der Herr von uns verlangt, alles den Armen zu geben, dann aus dem Grund, damit wir selber arm sind. Damit wir es unser ganzes Leben lang bleiben. Damit wir, wenn diese Handlung vollzogen ist, ihm folgen, ihm, dem Herrn, der wie die Kleinen und Armen gelebt hat.

Deshalb müssen wir danach verlangen, im Kloster ein armes und entsagendes Leben zu führen, selbst wenn das Schwierigkeiten und Leiden mit sich bringt. Ohne solche Schwierigkeiten und solches Leiden gehörten wir nicht wirklich zu den Armen.

Allerdings ist das Mass unserer Armut nicht der Art und Weise zu entnehmen, wie die Armen in unserer Umgebung leben, denn die Armut eines Mönchs ist mehr als das Ergebnis des Verlangens, das Leben der Einfachsten und Ärmsten zu teilen.

Seine Armut entspricht vielmehr den Forderungen nach innerer Loslösung und geistlicher Freiheit, die sein Leben des Gebetes und der Vereinigung mit Gott an ihn stellt. Dieser Verzicht auf das Eigentumsrecht an den Gütern dieser Erde gewährleistet die Loslösung und die Reinheit des Herzens. Man kann nicht ein reines Herz haben ohne diese innere Loslösung. Die Armut des Evangeliums ist eine konkrete Form der Reinheit des Herzens.

Sie ist auch Sehnsucht nach den ewigen Gütern. Solange wir so etabliert sind im Wohlstand und im Komfort, allzugut versehen mit den Gütern der Gegenwart, können wir uns nicht mit ebensolchem Eifer nach den Gütern der Ewigkeit sehnen. Wir würden ja schon hier «unsern Teil am Glück» erhalten.

Wenn wir freiwillig arm bleiben, dann treffen wir die Wahl, wie sie den Märtyrern auferlegt wurde. Wir optieren schon in diesem Leben für die Güter des Jenseits, indem wir verkosten und das gern haben, was von oben ist und nicht von der Erde.

Nichts für sich haben und alles teilen. Unser Gelübde der Armut verpflichtet uns zudem, nichts zu eigen zu haben. Was uns für Nahrung, Kleidung, Wohnung, Arbeit zum Gebrauch gegeben worden ist, das gehört uns nicht zu eigen. Wir müssen darum bitten. Wir müssen es von einem andern bekommen. Wir können damit nicht nach unserem Gutdünken umgehen.

Ebensowenig können wir die Früchte unserer Arbeit beanspruchen. Nach der Regel, die der Heilige Geist am Pfingstfest gegeben hat, muss allen alles gemeinsam sein und unter alle verteilt werden, nach den Bedürfnissen jedes einzelnen.

Kapitel 42: Die Kleidung

Die Kleidung des Mönches ist ein Zeichen der Weihe für den Dienst vor Gott. Sie bezeugt unsere Zugehörigkeit zum Herrn. Sie gibt unserem Willen Ausdruck, dem Ruf des Herrn treu zu bleiben.

Natürlich muss sie auch ein Zeugnis sein für die Armut, die wir gelobt haben. So gehört es sich, dass sie einfach ist, leicht zu pflegen und zu erneuern.

Gerade mit Rücksicht auf diese Armut kann es sein, dass sie sich nicht stark unterscheidet von dem, was die Bescheidensten dieser Welt anziehen, oder von den Kleidern, die man zur Arbeit trägt. Wir sollten dann allerdings durch ein Kreuz deutlich bezeugen, dass wir Jesus angehören.

Wir können diese Kleider auch zum Gebet und beim Gottesdienst tragen, oder wenn wir lieber wollen, dafür ein Mönchsgewand oder einen Überwurf anziehen. Diese würden uns dann an unsere Taufe oder unsere Profess erinnern oder an jenes hochzeitliche Gewand, das die Gäste anziehen, die zum Hochzeitsmahl des Lammes eingeladen sind.

Wir werden zu den Kleidern, den Geräten und Werkzeugen, die uns anvertraut sind, Sorge tragen. Sie gehören nicht uns. Es muss uns daran liegen, sie in tadellosem Zustand zu erhalten, besonders dann, wenn sie nach uns noch andern Brüdern dienen müssen.

Wir müssen sie so benützen, wie wirklich arme Leute es tun, die wissen, was die Sachen kosten, mit der Ehrfurcht, die man den Dingen schuldet, die Gott gehören, so als handelte es sich, wie die Regel sagt, um heilige Altargefässe.

Kapitel 43: Der Wohnraum

Wir sollten immer daran denken, Brüder, dass Jesus in einem Stall geboren wurde, dass er das Exil in fremden Häusern gekannt hat. Dem, der ihm nachfolgen wollte, hat er gesagt:

> «Die Füchse haben ihren Bau,
> die Vögel des Himmels ihr Nest.
> Aber der Menschensohn hat nichts,
> wo er sein Haupt hinlegen könnte.»
> Lk 9,58

In diesem Sinn haben einige unserer ersten Väter sich mit einer Hütte oder gar einer Grabhöhle zufriedengegeben, die sie als Nomaden Gottes leicht wieder verlassen konnten. Später dann, um zusammen zu leben, haben sie Klöster gebaut.

Einige dieser Klöster sind zu Heiligtümern geworden, die vom Gebet erfüllt sind. Wer aus uns berufen ist, an einem solchen Ort zu leben, muss sich dieser Tradition der Heiligkeit einfügen.

Wenn uns der Herr aber beruft, in einer kleinen Gemeinschaft zu leben, dann sollten wir dem bescheidenen Bau den Vorzug geben. Müssen wir bauen, dann würden wir uns zufriedengeben mit kleinen Gebäulichkeiten, die leicht zu errichten sind. Sie werden zwar einfach und arm sein, aber doch hell, reinlich und nicht freudlos.

Mögen wir nun Mieter oder Eigentümer sein, wir dürfen uns nur als «Verwalter» betrachten, denen der Herr anvertraut, was ihm gehört. Unsere Aufgabe ist es, seine Güter weise im Sinn des Evangeliums zu verwalten und uns immer daran zu erinnern, dass wir auf dieser Erde keine bleibende Wohnstätte haben.

Es kann sein, dass die Brüder in Übereinstimmung mit der Regel der Mönche es vorziehen, keine persönliche Zelle zu haben. Ist es doch eine echte und sichere Art, die Armut zu leben, wenn man immer mit den Brüdern lebt, sie immer zur Seite hat, ohne seinen Schlupfwinkel für sich allein zu haben.

Zum Kloster können auch Klausen gehören, entweder eingefügt in den Gemeinschaftsbau oder in einiger Entfernung davon errichtet.

Sie seien arm. Wir dürfen darin nichts aufbewahren als die Gegenstände, die wir täglich brauchen, wie die Bibel oder die Bücher, die wir lesen.

Diese Räume sollen geschmückt sein mit einigen Bildern oder Ikonen. Gemäss dem Evangelium und nach der allgemeinen Lehre der Väter dienen sie ja der Einkehr, dem Hören des Wortes und dem Gebet. Wenn wir berufen sind, in einer solchen Klause zu leben, so geschieht das nicht, um uns in uns selber einzukapseln, sondern um vor Gott zu verbleiben. Es sind Zeiten eremitischen Lebens, die uns da gegeben werden, und wir müssen darüber

Rechenschaft ablegen vor dem Herrn, aber auch dem geistlichen Vater und den Brüdern.

Das Mobiliar, sei es Gebrauchtware, neu erworben oder von den Brüdern selber verfertigt, soll ebenso arm sein wie der Wohnraum. Man wird nicht Möbel oder irgendwelche andere Gegenstände von hohem Wert als Geschenk annehmen.

Man wird sich hüten, das Kloster allzu bequem oder komfortabel auszustatten. Die kleinen Gemeinschaften können es sich leisten, so zu leben, als müssten sie nächstens ihre Räumlichkeiten verlassen. Die Geschichte lehrt uns, dass auch die grossen Gemeinschaften vor Verfolgung und Exodus nicht sicher sind.

Kapitel 44: Die Speise

Einfache Speise garantiert besser als jede andere die Gesundheit des Leibes und die Freiheit des Geistes. Jesus sagte zu Martha, die für ihn die Speisen zubereitete: «... Du sorgst und kümmerst dich für vieles. Doch es braucht wenig, ja nur eines.»

Die Speise soll allerdings mit Sorgfalt zubereitet und aufgetragen werden, das verlangt die Ehrfurcht vor Gott, der sie gibt, und den Brüdern, die sie empfangen. Wer für diese Zubereitung verantwortlich ist, erfülle seine Aufgabe mit dem Taktgefühl der brüderlichen Liebe und mit den nötigen kulinarischen und ernährungswissenschaftlichen Kenntnissen. Auch er trägt eine Verantwortung für die Bewahrung der Gesundheit, der Ausgeglichenheit und der guten Laune.

Ausser für die Osterzeit kennen im Zyklus der regelmässigen Mahlzeiten alle monastischen Regeln Zeiten des Fastens.

Sie fügen so in das Leben der Mönche ein Element der Abtötung und der freiwilligen Armut ein. Auf diese Weise folgen sie ihrem Meister in das Leiden. Sie nehmen es auf sich, etwas von jenen Entbehrungen kennenzulernen, die so viele ihrer Brüder in der ganzen Welt zu ihrem Leidwesen ertragen müssen.

Man soll alles so regeln, dass die Schwächeren den Mut nicht verlieren und die Widerstandsfähigen oder die Grossmütigeren in aller Fügsamkeit noch mehr leisten können.

Kapitel 45: Die Arbeit

Unser Vater im Himmel hat es so gewollt, dass sich sein geliebter Sohn während vieler Jahre seines Lebens in aller Stille und verborgenerweise an der Arbeit der Menschen beteiligte.

Als Menschensohn musste er teilnehmen an dem, was nach dem Sündenfall zu Strafe und Sühnung der Sünde geworden war: «Im Schweiss deines Angesichts sollst du dein Brot essen.»

Jesus hat die Arbeit der Menschen geheiligt. Er hat ihr, wenn sie mit seiner Arbeit verbunden ist, einen erlösenden Wert gegeben.

+

Alle monastischen Regeln schreiben die Arbeit, besonders die Handarbeit vor. Sie legen uns damit nahe, als Christen und als Mönche die demütige und stille Arbeit Jesu in Nazareth fortzusetzen. Wir müssen dies in den gleichen Intentionen tun wie er, nämlich für unser Heil und das Heil unserer Brüder. Die Gegenwart des Herrn und seine Liebe beseelen und verklären unser tägliches Pensum.

So demütig und bescheiden sie ist, unsere Arbeit ist doch Mitarbeit am Werk der Schöpfung und am Werk der Erlösung, am Wirken des Heiligen Geistes in der Welt.

Wir müssen also mit unendlicher Sorgfalt, mit Ehrfurcht und Liebe unsern Beruf ausüben oder unser Land bebauen, damit Gott am Abend unserer Arbeitstage unser

Werk mit dem gleichen Lob würdigen kann, das er über sein Werk sprach:

«Und Gott sah, dass es gut war.»
Gen 1,10

+

Damit dem so sei, muss unsere Arbeit, wie die des Herrn, der Ausdruck unseres Gehorsams und unserer Hingabe sein.

Sie ist von uns verlangt worden durch den, der für uns Jesu Stelle vertritt. Er bietet für uns also den am nächsten liegenden Weg, unsere tägliche Arbeit und unsern persönlichen Willen unter Gottes Willen zu stellen.

Wenn das, was man von uns verlangt, unseren Ansichten oder unseren Wünschen nicht entspricht, werden wir es akzeptieren als eine realistischere Teilnahme an der leidvollen Lage, der so viele unserer Brüder in der Welt unterworfen sind.

Wenn die Arbeit uns entspricht, erfüllen wir sie mit Dankbarkeit und Freude, sind aber darauf bedacht, uns nicht an sie zu binden, damit aus dem Dienst an Gott nicht mehr und mehr ein Dienst an uns selber werde.

Wir müssen bereit sein, sie zu verlassen, wenn der Herr es verlangt.

+

Unsere Arbeit ist auch ein Ausdruck unserer Armut. Wie alle Handwerker seiner Zeit arbeitete Jesus, um seinen Mitbürgern brauchbare Dienste zu erweisen und dadurch sein Leben zu verdienen.

Auch wir werden eine lohnende und nützliche Arbeit suchen: eine Arbeit als Handwerker, wie es unser Herr tat, eine Arbeit als Angestellter, wenn die Möglichkeit für Einsamkeit, Gebetszeiten und Gemeinschaftsleben bestehen bleibt, intellektuelle Arbeit, wenn wir dazu die nötige Vorbereitung haben.

Das Einfachste wird manchmal sein, dass man das Land, auf dem wir leben, mit dürftigen Mitteln bebaut: «Mit viel Mühe wirst du ihm deinen Lebensunterhalt Tag für Tag abringen» (Gen 3,17).

Während der Stunden, die der Arbeit geweiht sind, werden wir den Heiligen Geist bitten, dass er in uns die Haltung der Hingabe bewahre und uns nicht versinken lasse in den Sorgen und Gedanken. Wenn es Zeiten gibt, wo wir unter Druck stehen oder Schwierigkeiten haben, werden wir versuchen, sie als Kinder Gottes in Ruhe und Heiterkeit durchzustehen.

Kapitel 46: Das tägliche Brot

Brüder, es kann geschehen, dass wir nicht genug verdienen für unsern Lebensunterhalt. Das Alter oder die Unfähigkeit, die Armut oder die geringe Fläche unseres Landes, vor allem die Zeit, die wir dem Gebet widmen, mag daran schuld sein. Vielleicht ist das ein glücklicher Umstand, da wir ja so um so ärmer sind.

Wir werden zuerst einmal miteinander prüfen, ob keine Möglichkeit besteht, es besser zu machen oder einfacher zu leben und die Ausgaben einzuschränken.

+

Wir werden allerdings nicht die dauernde Reduzierung der Gebetszeiten ins Auge fassen, denn sie sind unsere eigentliche und unersetzbare Arbeit, jene, die der Herr, die Kirche und die Welt von uns erwarten.

Wir sind die Arbeiter des Reiches. Wir sind unseres Lohnes wert. Wir verdienen unsern Lebensunterhalt durch diese Gebetsstunden, zu denen die Bitte ums tägliche Brot für uns und für andere gehört, eher als durch die Arbeit unserer Hände. Es ist uns nicht erlaubt, dem Herrn, der uns für dieses Werk versammelt hat, zu antworten: «Ich bitte dich, halte mich für entschuldigt.»

+

Welches auch unsere Schwierigkeiten sind, wir müssen
allem Fieber und aller Unruhe die Türe weisen:

> «Sorgt euch nicht um euer Leben...
> Seht die Vögel des Himmels...
> Betrachtet die Lilien des Feldes,
> ihr Kleingläubigen.
> Sorgt euch also nicht...
> Denn der Vater im Himmel weiss,
> dass ihr all das nötig habt.
> Sucht zuerst das Reich
> und seine Gerechtigkeit,
> und alles das wird euch
> dazugegeben werden.»
> Mt 6,25–33

III. Allein leben

Der Mensch ist nicht geschaffen, allein zu leben. Er will geliebt, gestützt und aufgenommen werden. Er will auch selber lieben und schenken. Das endgültige Leben, das ewige Leben wird in einem vollkommenen Sinn gemeinschaftlich sein.

Dennoch hat der Geist des Herrn im Verlauf der Kirchengeschichte nie aufgehört, die Wüsten dieser Welt mit Eremiten zu bevölkern.

Kapitel 47: Das Lob der Wüste («De Laude Eremi»)

Die Wüste ist ein bevorzugter Ort. In der Wüste hat sich Gott in seiner ganzen Herrlichkeit, in seiner ganzen Macht und in seiner ganzen Zärtlichkeit offenbart.

Am Sinai enthüllt er Mose seinen Namen. Am Sinai schliesst er mit seinem Volk den Bund. Während vierzig Jahren erhält er es in der Einsamkeit, begleitet es in der Wolke, ernährt es mit Manna und gibt ihm Wasser zu trinken, das aus dem Felsen quillt.

Am Sinai begegnet der Prophet Elija Gott und unterhält sich mit ihm. In der Wüste bereitet sich Johannes auf seine Sendung als Vorläufer des Herrn vor, dort empfängt er diese Sendung und eröffnet sie feierlich. Er ist die Stimme, die in der Wüste ruft.

In die Wüste führt der Geist Jesus sofort nach seiner Taufe, damit er dort sein Evangelium aus den Händen seines Vaters empfange. Dahin kommt er in den Jahren seiner öffentlichen Tätigkeit immer wieder zurück. In der Wüste erscheint er drei Aposteln in seiner ganzen Herrlichkeit.

+

Während den Zeiten, die auf Pfingsten folgten, hat Gott nie aufgehört, sich in der Wüste zu offenbaren. Der Heilige

131

Geist hat nie aufgehört, Jünger des Herrn dorthin zu führen.

Einige kommen für eine Zeit dorthin, um ihren Glauben, ihre Beziehungen zu Gott zu vertiefen, um sich auf die Tätigkeit, die sie im Schoss der Kirche und der Welt auf sich nehmen müssen, vorzubereiten. Von der ihnen eigenen Sendung in Anspruch genommen, müssen sie oft, um sich zu sammeln, in die Wüste zurückkommen. Jesus zog sich häufig dorthin zurück, am Abend oder am Morgen, für ganze Nächte. Der Jünger ist nicht über seinem Meister.

+

Aber es gibt andere Jünger des Herrn, die berufen sind, ihr ganzes Leben in der Wüste zu bleiben und dort seine Wiederkunft zu erwarten. In den ersten Jahrhunderten waren sie zahlreich. Es hat sie immer gegeben. Auch heute gibt es Mönche, Christen, die alles verlassen, um in der Wüste zu leben, nicht mehr in Gesellschaft einiger Brüder, sondern in restloser Einsamkeit vor Jesus und seinem Vater.

Jene also, die sich von uns zu entfernen scheinen, bleiben inniger als je Glieder des Volkes Gottes. Der Heilige Geist, der das Volk der Hebräer in der Wüste gebildet hat, fährt fort, gewisse Glieder der Kirche in der Wüste zu reinigen und zu heiligen für das Wohl des ganzen Leibes. Die ganze Kirche ist durch sie in der Wüste:

«Ich werde sie locken,
in die Wüste führen,
und dort werde ich ihr zu Herzen sprechen.»
Hos 2,16

Kapitel 48: Das Leben in der Wüste

Das Verschwinden aller menschlichen Gegenwart macht aufmerksamer für die Gegenwart des Unsichtbaren. Die Eremiten erhalten vom Heiligen Geist, der sie in die Wüste führt, ein neues Gespür für diese unsichtbar Gegenwärtigen: Gott, die Engel und die Heiligen.

+

Ganz allmählich wird es offenbar, dass die Wüste zahlreicher bevölkert ist als die Stadt. Der Eremit hat ein gemeinschaftliches Leben verlassen und findet dafür ein anderes, nicht weniger wahres, nicht weniger wirkliches als das erste. Es ist geheimnisvoller, entblösster. Es kündet wie durch einen Schleier hindurch, wie in einer Wolke, das Leben an, das wir im Jenseits kennen werden.

Das beständige Anliegen des Einsiedlers ist es also nicht, sich in sich selber einzuschliessen, sondern mit diesen unsichtbar Gegenwärtigen in Gemeinschaft zu leben, im Herzen und im Geist frei zu bleiben, um mit diesen in Beziehung zu treten. Er ist aus sich selber und aus seinem Volk hinausgegangen, um wie Elija Gott zu begegnen. Dieser gibt sich in der Felsenhöhle zu erkennen, im sanften Wehen des Geistes.

+

Das Schweigen, das Fehlen jeder Ablenkung begünstigen die Bereitschaft, auf das innere Wort zu hören, die Konzentration, die Fortdauer des Dialogs.

Alle Gegebenheiten des Glaubens, des menschlichen Schicksals spitzen sich zu in der Einsamkeit. In seiner verborgenen Abgeschiedenheit findet sich der Eremit vor Gott, seinem Vater. Dabei trägt er in seinem Herzen die Sorge um das Heil aller. Auf geheimnisvolle Weise ist er in die Welt zurückgestellt, die er verlassen hat, um verborgenerweise an ihrem Leben teilzunehmen.

Es dient der ganzen Kirche, es geschieht im Namen all seiner Brüder, wenn er den Berg Gottes ersteigt. So war es auch mit den einsamen Wachen Jesu. So war es auch mit Antonius, dem Vater der Mönche, als er den Übergang der Seele in die Ewigkeit flüchtig schauen durfte.

Damit das Leben in der Wüste sich in seiner ganzen Kraft für Gott und dann für die Welt öffnen kann, muss sich jeder nach dem Mass seiner Gnade um eine grössere

Abstinenz von jenen Gütern bemühen, die im affektiven oder sinnlichen Bereich eine rein menschliche Kompensation brächten.

Jesus hat in der Wüste gefastet und in einer unfruchtbaren Gegend gelebt. Der Dämon konnte ihm so zuflüstern, er solle den Steinen befehlen, dass sie zu Brot würden. Nach seinem Beispiel suchten die alten Väter die harte Einfachheit der Wüste auf, den einfachsten Unterschlupf, der ihnen Schutz gewährte.

Die Wüste kann aber auch schön sein. Sie kann die Gegenwart Gottes und seine Grösse offenbaren. Aber so anziehend sie auch sein mag, sie sorgt eher für Abtötung der Sinne als für ihre Befriedigung. Dann erst erstrahlt sie in einem höheren Glanz, in der Innigkeit des Gebetes.

Kapitel 49: Der Kampf in der Wüste

Jesus wurde vom Heiligen Geist in die Wüste geführt, um da vom Dämon versucht zu werden. Es scheint, dass im Verlauf der Jahrhunderte der Herr einige von jenen, die in der Wüste zu ihm stossen, an diesem Ringen gegen die Macht Satans teilnehmen lassen wollte. Sie haben die Verantwortung von Wächtern: von ihrem Kampf kann der Widerstand vieler anderer im Schoss der Kirche abhängen.

+

Wenn wir in die Einsamkeit gehen, Brüder, können wir uns also darauf gefasst machen, mehr versucht zu werden als anderswo. Der Dämon nimmt an dieser unsichtbaren Welt teil, in die der Eremit eindringt. Er lauert darauf, dass die Natur, wenn sie ihrer sinnenhaften Stütze beraubt und einer harten Lebensweise unterworfen ist, zurückschreckt und sich aufbäumt. Er wartete, bis der Herr Hunger hatte, bevor er sich näherte.

+

Der Dämon kann sich uns nähern, um uns zu Buss-
übungen anzuspornen, die wir nachher durchzuhalten
nicht fähig sind, oder andersherum, um uns zu verführen,
die Entsagungen, die unserem Leben Kraft und Festigkeit
verleihen, nach und nach auszuhöhlen.

Wir sind immer geneigt, von uns aus auf eine leichtere
Lebensweise zurückzufallen. Gewisse Bestrebungen, gewisse Vergnügen werden dann nicht mehr ausgeschlossen.
Satan versucht, diesen Rückfall zu rechtfertigen. Er
beschleunigt seinen Verlauf. Auf seine Stimme hin
verwandeln sich die Steine der Wüste in Brot, die
Wohnung des Eremiten zu einer Residenz, wo man sich
bequem einrichten kann.

+

Das Beten wird schwieriger. Der Dämon versucht, uns
von ihm abzulenken und es zu verwirren. Er nützt unsere
Zerstreuungen, unsere Erinnerungen, unsere angeborene
Trägheit oder auch die Sorge um unseren Lebensunterhalt
aus. Wenn wir das Gebet, sei es auch nur zum Teil,
aufgeben, wird das eremitische Leben nach und nach
unterhöhlt. Ein Mönch erträgt seine Existenz schlecht,
wenn sie ihren Sinn verloren hat. Er verfällt dem
Überdruss, sucht nach Möglichkeiten des Ausgleichs oder
nach einer nützlicheren Beschäftigung.

Satan lässt ihn im Traum seiner Wünsche das kleine
Reich der Erde, sei es der Familie oder sei es irgend etwas
anderes, auf das er Anspruch gehabt hätte, durchstreifen.
Aus der Ferne gesehen erscheint das, was man nicht hat,
schöner und begehrenswerter.

+

Der Dämon kann sich auch in den Bereich des Gebetes
einschleichen, um darin das Unkraut der Illusion zu säen.
Auf jede Weise sucht er die Selbstsucht, die Eitelkeit, den
Stolz zu nähren, die unbeherrschten Leidenschaften, zu
denen wir neigen, zu wecken. Diese lässt er dann wirken.
Er kann zuweilen auch einen deutlicheren Einfluss
ausüben. Die Versuchungen sind so, dass es schwierig ist,

das, was aus dem Innersten des Menschen kommt, von dem, was auch vom Dämon kommen kann, zu unterscheiden.

+

In diesem Ringen gegen die Geister des Bösen, die sich die Schwächen des Fleisches und des Blutes so gut zunutze machen, müssen wir zum Gebet greifen und auf dem Weg der Kleinen und Demütigen weitergehen, wo wir Schutz finden.

Wir dürfen uns nie in uns selber einschliessen lassen. Der Eremit muss weiterfahren, sich dem geistlichen Vater zu öffnen, die Gedanken, Versuchungen, Ereignisse, die in seinem Leben auftauchen, mit ihm zu besprechen.

Kapitel 50: Wie Gott die Eremiten erwählt

Der Heilige Geist ist es, der uns in die Wüste führt. Wir dürfen nicht von uns aus dorthin gehen. Alles muss in Gehorsam gegenüber Gott geschehen.

+

Dieser Ruf des Heiligen Geistes kann in unseren Herzen aufkommen, nachdem wir jahrelang in der Gemeinschaft gelebt haben. Unsere alten Väter dachten, dass dies der normale Weg sei, dass es unklug sei, sich dem einsamen Leben auszuliefern, ohne mit der Hilfe zahlreicher Brüder gelernt zu haben, gegen den Dämon zu kämpfen, gegen die Laster des Fleisches und der Gedanken.

Am Vater des Klosters ist es, zu beurteilen, ob der Ruf von Gott kommt, Versuche zu erlauben, den Baum nach seinen Früchten zu beurteilen.

+

Es gibt jedoch solche, die sich berufen glauben, das Einsiedlerleben zu ergreifen, ohne durch den Schmelztiegel des Lebens in der Gemeinschaft gegangen zu sein.

Das ist nicht immer und notwendigerweise eine Illusion. Der Geist des Herrn führt uns nicht alle denselben Weg. Einige können in der Einsamkeit mehr Festigkeit im Dienst des Herrn erlangen, weil sie gezwungen sind, in allem, was sie täglich leben, eine persönliche Wahl und Entscheidung zu treffen.

Sie müssen sich jedoch einem geistlichen Vater unterwerfen, damit sie lernen, den Willen Gottes zu unterscheiden, damit sie den Weg des Gehorsams und der Demut betreten. Es ist gut für sie, wenn sie sich einer klösterlichen Familie anschliessen, wo sie sich zur Erholung länger aufhalten können, wo sie ihre Verfügbarkeit bewähren können, ihr Wachsen in der Liebe zu den Brüdern.

+

Es gibt schliesslich auch solche, die die Einsamkeit suchen, weil sie von Natur aus dazu neigen, weil sie die Stille lieben, weil sie die gegenwärtige Hetze der Welt verabscheuen oder auch weil sie so veranlagt sind, dass ihnen das gemeinschaftliche Leben zur Last wird.

Man kann nicht immer behaupten, dass es der Heilige Geist ist, der jene in die Wüste treibt. Sie suchen in ihr eine Existenz, die ihre Neigungen befriedigt. Dies ist nicht mehr ganz ein Herausgehen aus sich selber, um Gott zu begegnen.

Der Geist des Herrn, der den verschiedenen Temperamenten Rechnung trägt, kann jedoch eine übernatürliche Berufung in einen Grundstock dieser Art einpfropfen. So ist es in der Tat, mehr oder weniger verborgen, mehr oder weniger ausgeprägt, bei einer gewissen Anzahl von Eremiten. So kann sogar die erste Anpassung an das einsame Leben erleichtert werden.

Die Gefahr der Abkapselung und des Egoismus bleibt. Der Baum muss beschnitten werden, damit der Herr daran Früchte finden kann.

Kapitel 51: Die Beziehungen des Eremiten

Wenn der Ruf zum eremitischen Leben wirklich vom Herrn kommt, so dürfen wir ihn nicht als einen Abfall betrachten, als eine Möglichkeit, das gemeinschaftliche Leben und seine Schwierigkeiten zu fliehen.

Dieser Ruf ist für den, der ihn empfängt, eine Gnade. Er kann für die Gemeinschaft, der er angehört, eine Wohltat sein. Die Einsiedeleien spielen die Rolle von Vorposten. Sie profitieren von der Unterstützung des Klosters, aber sie sichern diesem einen stärkeren Schutz und eine eindrücklichere Vergegenwärtigung Gottes.

+

Die Eremiten bleiben Glieder der Familie, sie sind von demselben Geist beseelt, sie unterstehen demselben Vater.

Dieser besucht die Einsiedeleien im Auftrag des Herrn. Er muss die Lebensweise eines jeden gutheissen, damit alles im Gehorsam geschehe. Er könnte sogar diesen oder jenen Bruder in die Gemeinschaft zurückholen, wenn er alles vor Gott gut erwogen hat und dieser einen Gewinn hätte, wenn er für einige Zeit oder endgültig zurückkäme.

+

Um nicht zur Last zu fallen, bemühen sich die Eremiten, ihren Lebensunterhalt zu verdienen, sei es, dass sie sich um eine kleine Herde kümmern, ein Handwerk ausüben oder einen allgemeinen Dienst übernehmen.

So nach dem Beispiel des heiligen Antonius: «Er erkundete die Umgebung, fand einen geeigneten kleinen Winkel, bestellte ihn..., säte aus. Nach Ablauf eines Jahres konnte er schon sein eigenes Brot backen und war glücklich, dass er niemandem zur Last fallen musste und niemandem verpflichtet war.»

Wenn es in der Gemeinschaft Kranke gibt oder einige grosse Arbeiten anfallen, kann der Vater, wenn er es für angebracht und nötig hält, an die Dienstbereitschaft der

Eremiten appellieren. Er gibt ihnen so die Gelegenheit, ihre Entsagung und ihre Verfügbarkeit zu erproben.

+

An den grössten Festen des Jahres können die Eremiten aufgeboten werden, am gemeinsamen Gottesdienst teilzunehmen, am Familientisch Platz zu nehmen und die Freude aller zu teilen. Der Vater kann den einen und andern von ihnen einladen, öfter oder in regelmässigen Abständen ins Kloster zu kommen.

Wenn ihre Einsiedeleien auch in der Nähe des Klosters liegen, so werden sie doch keine gewohnheitsmässigen Beziehungen zu den Brüdern haben, wenigstens solange der Vater es nicht von ihnen verlangt, damit sie nicht in die konkreten Probleme der Gemeinschaft verwickelt werden, Probleme, die sie zwar noch mitzutragen haben, aber auf eine ganz andere Art.

Wenn es mehrere Eremiten hat, können sie sich zum geistlichen Gespräch treffen, wenn sie daraus Nutzen ziehen.

+

Die diskrete und stille Gegenwart der Eremiten kann für ein Land oder Volk Quelle der Gnade sein, ein lebendiges Zeichen, dass der Glaube Wurzeln gefasst hat. Sie werden daruber wachen, dass sie nie ein Gegenzeugnis geben.

Dritter Teil:
Zur Kirche gehören

Kapitel 52: Wie die Mönche zur Kirche gehören

So klein die klösterliche Gemeinschaft auch sein mag, sie ist eine Zelle der Kirche. Sie ist sogar für jeden von uns der konkrete Ort seiner Eingliederung in die Gesamtkirche.

Nun aber haben nicht alle Zellen, die den Leib der Kirche bilden, die gleiche Funktion.

+

Der Geist des Herrn hat die ersten Mönche nicht in die Wüste geführt, damit sie das Evangelium predigen. Er hat ihnen die Sorge um das Gebet und die Aszese anvertraut, damit sie diese Wege gehen und sie für sich selbst und für andere vertiefen. Er hat ihnen den Auftrag gegeben, standhaft und mutig gegen den Einfluss des Dämons in dieser Welt zu kämpfen.

Wir wollen, wie unsere ersten Väter, diesem Ruf des Herrn treu sein und an dem Platz bleiben, der im Schoss der Kirche der unsere ist: in aller Demut, wie ein verborgenes, in den Teig geknetetes Ferment.

Weil wir kein äusseres Amt auszuüben haben, ist es nicht erforderlich, dass wir alle mit dem Priesteramt bekleidet sind. Es ist aber angebracht, dass die Feier der Eucharistie und das sakramentale Leben durch einen oder mehrere Priestermönche, die in der Reife der Jahre und des geistlichen Lebens stehen, gesichert sind.

Unser Leben bleibt auf diese Weise für alle zugänglich, selbst den Einfachsten, ohne dass unter uns verschiedene Kategorien von Brüdern entstehen, ohne dass man uns zu Tätigkeiten holen könnte, die nicht in unserer Berufung liegen, die uns aus der Präsenz vor Gott allein wegführen können.

Wir sind deshalb nicht weniger eng mit dem Priestertum des Herrn verbunden. Durch unsere Taufe gehören wir zum «priesterlichen Volk». Durch unsere klösterliche Weihe, durch die Entsagungen, die sie uns jeden Tag abverlangt, treten wir tief in das Leiden Jesu ein, in die Hingabe seines Lebens an seinen Vater, in das eucharistische Opfer.

+

Wir bilden, Brüder, diesen Teil der irdischen Kirche, den der Geist des Herrn in einem unmittelbareren und festeren Kontakt mit der himmlischen Kirche erhält. Unser ganzes Leben kündet das «österliche Geheimnis», das heisst den allen bevorstehenden Übergang aus der Welt, die vergeht, in die Welt, die bleibt.

Eine Osterfeier ist unsere Enthaltsamkeit nach dem Evangelium. Sie führt uns schon jetzt ein in die Art zu sein, zu lieben und zu leben, wie sie den Engeln und den Heiligen eigen ist.

Eine Osterfeier ist auch unsere evangelische Armut. Wir verlassen die vergänglichen Güter dieser Welt, um in der Nachfolge Jesu zu den bleibenden Gütern des Reiches vorzudringen.

Ebenso ist unsere Trennung von der Welt oder unsere Abgeschiedenheit in der Wüste eine Osterfeier. Es ist der vorweggenommene Abschied aus dieser Welt, deren Gestalt vergeht.

Wenn der Heilige Geist uns einlädt, auf diese Weise das Osterfest Jesu zu feiern, so heisst das, dass wir schon jetzt in unserer steten Präsenz vor Gott durch das Lob, die Anbetung und die Fürbitte am Leben der himmlischen Stadt teilnehmen können. So auch, damit wir das Gebet und das Lob unserer Brüder seien, die in der Welt bleiben.

+

Der Geist des Herrn ist überdies der einzige Richter, der darüber zu urteilen hat, ob es zweckmässig sei, in der

Kirche eine Lebensweise beizubehalten, die keine sichtbare äussere Tätigkeit umfasst.

Aber er hat dennoch nie aufgehört, aus diesen Zentren des Gebetes und der Nähe zu Gott bedeutende Apostel zu holen. Sie haben der Welt, die sie zuerst verlassen hatten, das Evangelium verkündet. Sie haben sie durch ihre geistige Lehre erhellt. Sie haben ihr die Richtung gewiesen.

Kapitel 53: Wachen

Als sich Jesus auf den Berg zurückzog, um zu beten, hörte er indessen nicht auf, über seine Jünger zu wachen, die gegen das Meer und den Wind kämpften. Vor dem Angesicht des Vaters war er zweifellos für die ganze Welt da.

+

Wenn der Heilige Geist uns in der Nachfolge Jesu den Berg besteigen lässt, dann sollen wir wie er für die Welt dasein und sie vor Gott vertreten.

Wachen und Warten auf das endgültige Leben, auf die Wiederkunft des Herrn. Wir selbst wären nicht wirkliche Mönche, wenn wir nicht für uns und die andern eine brennende Sehnsucht nach dem ewigen Leben hätten, wenn wir zur festgesetzten Stunde nicht bereit wären zum Abschied.

Wachen und Warten für unsere Brüder, die in der Welt sind. Wir versehen die Rolle des Wächters für alle jene, die sich weder um den Tag noch die Stunde kümmern, für all jene, die im Dunkel leben, im Schatten des Todes.

Wachen und Warten im Namen der ganzen Kirche. «Männer aus Galiläa», sagten die Engel, «warum schaut ihr gegen den Himmel?» Die Männer aus Galiläa künden das Evangelium über die ganze Erde, aber die Mönche verharren im Warten:

«Derselbe Jesus
wird ebenso wiederkommen,
wie ihr ihn habt zum Himmel fahren sehen.»
«Ja, komm, Herr Jesus!»
Apg 1,11; Offb 22,20

+

Dieses Wachen findet statt im stillen Gebet bei Tag und bei Nacht, in der Psalmodie, die das Lob der Welt aufnimmt, ihre Klagen und ihre Ängste, ihr Elend und ihre Sünde.

Wenn wir die Ereignisse dieser Welt zur Kenntnis nehmen, befriedigen wir damit nicht unsere Neugier. Wir haben den Auftrag, sie in den Psalmen Gott darzubieten. In ihnen sind sie geheimnisvoll gegenwärtig als Wort der Prophetie.

Keine der grossen Angelegenheiten, die die Kirche und die Welt berühren, ist uns fremd. Wir sind persönlich betroffen, persönlich verantwortlich. Durch unsere Treue im Gebetsleben haben wir Anteil an der Auferbauung des Leibes des Herrn, in Gemeinschaft mit all jenen, die für das Kommen des Reiches arbeiten, und besonders mit dem Bischof, den Priestern und den Gläubigen der Diözese, zu der wir gehören:

«Auf deine Mauern, Jerusalem,
habe ich Wächter gestellt.
Nie, weder bei Tag noch bei Nacht,
werden sie schweigen.
Ihr, die ihr Jahwe sollt erinnern,
gönnt euch keine Rast,
bis er Sion wieder eingesetzt hat
und es zum Lob der Erde macht.»
Jes 62,6−7

Kapitel 54: Zeugnis geben

Unser Leben als Mönche, Brüder, so verborgen es auch sein mag, hat die Bedeutung eines Zeugnisses.

Wir haben uns nicht in erster Linie dazu vereint, damit wir dieses Zeugnis geben, aber wir können dem gegenüber nicht gleichgültig bleiben, denn auch für uns gilt, was der Herr gesagt hat:

> «Dass euer Licht leuchte
> vor den Augen der Menschen,
> damit sie eure guten Werke sehen
> und euren Vater verherrlichen,
> der im Himmel ist.»
> Mt 5,16

+

Nicht immer müssen wir Zeugnis ablegen, indem wir unser Blut vergiessen. Unsere Art zu leben macht unsern Alltag zum Zeugnis.

Ein Leben, das ganz und gar der Anbetung geweiht ist, bezeugt vor allem die Existenz und die Transzendenz Gottes.

Er hat die Menschen erschaffen zu seinem Dienst und zu seiner Ehre. Es ist nicht mehr als recht, dass eine gewisse Anzahl von ihnen diese allgemeine Bestimmung mit grösserem Einsatz bestätigen, indem sie sich ausschliesslich dem persönlichen Dienst des Herrn in der Stetigkeit des Gebetes und des Lobes weihen.

Dieses geweihte Amt ist in einem hervorragenden Sinn sozial, da es im Namen aller erfüllt wird und dem Ziel der Schöpfung entspricht.

+

Ein Leben, das dem Gebet gewidmet ist, bezeugt, dass dieses den Vorrang hat vor dem Wort und den Werken.

Es sagt klar und deutlich, dass alles zuerst vom verborgenen Wirken Gottes in den Herzen abhängt, mehr als von unseren Bemühungen in Zusammenarbeit, in Predigt und Mission, so unerlässlich diese auch sind.

Ein armes und entbehrendes Leben mitten in einer Welt, die sich einzurichten sucht und zu geniessen versteht, bezeugt die Unsicherheit dieser materiellen Güter und die Überlegenheit des kommenden Zeitalters.

+

Damit dieses Zeugnis klar sei, muss unser Leben ohne Kompromiss durchsichtig sein auf Geist und Buchstaben des Evangeliums.

Auch darf nichts seinen Sinn verschleiern. Dem wäre so, wenn wir es uns zur Gewohnheit machten, unserem Gebetsleben äussere Werke hinzuzufügen: Man würde es nicht versäumen, diese als Rechtfertigung unserer Existenz in der Kirche und in der Welt zu betrachten. Das Licht, das aus der Sammlung der Brüder hervorgehen muss, wäre teilweise unter den Scheffel gestellt.

Kapitel 55: Gastfreundschaft

Einen Gast aufnehmen bedeutet in Wirklichkeit Jesus den Herrn aufnehmen. Die Regel der Mönche verlangt, dass wir in ihm Christus verehren und uns vor ihm niederwerfen. Sobald jemand anklopft, sobald ein Armer ruft, müssen wir den Herrn preisen und uns beeilen zu antworten mit aller Milde der Gastfreundschaft, wie die Furcht des Herrn sie eingibt, und mit allem Eifer, den die Liebe gibt.

+

Wenn die Gemeinschaft gross ist, kann sie ein Gästehaus haben, das für sich allein steht, wo Gäste grosszügig aufgenommen werden können. In einer ganz kleinen Gruppe werden die Gäste in die «Stube» der Gemeinschaft aufgenommen und sollen von ihrer Ankunft an unser Leben teilen.

«Wir haben weder Gold noch Silber», sagten die Apostel, «aber das, was wir haben, geben wir euch.» Das, was uns zu eigen ist, unser einziger Reichtum, das ist unsere Einsamkeit, unser Schweigen, unsere Intimität mit Gott, unser Verwurzeltsein in der Kirche und im wahren Glauben. Wenn jemand an diesen Gütern teilhaben will, so empfangen wir ihn mit Freude im Kloster selbst oder in einer Einsiedelei.

Die Gegenwart der Gäste darf niemals die Atmosphäre der Sammlung und des Gebetes stören, die unser Leben kennzeichnet. Ihre Gegenwart muss uns ganz im Gegenteil zu noch grösserer Treue anspornen, denn wir müssen uns vor Gott der Brüder annehmen, die er uns anvertraut hat.

Denn auch für die Mönche hat der Herr das Letzte Gericht beschrieben:

> «Kommt, ihr Gesegneten meines Vaters,
> empfangt das Reich als Erbe...
> Denn ich war hungrig,
> und ihr habt mir zu essen gegeben,
> ich war durstig,
> und ihr habt mir zu trinken gegeben,
> ich war fremd,
> und ihr habt mich aufgenommen,
> ich war nackt,
> und ihr habt mich bekleidet,
> ich war krank,
> und ihr habt mich besucht,
> ich war im Gefängnis,
> und ihr seid zu mir gekommen.»
> Mt 25,34–36

Obwohl wir gerufen sind, abseits der Welt zu leben, werden auch wir nach den Taten der Liebe, die wir den Kleinen und Armen entgegenbringen, gerichtet.

Wir werden uns oft fragen, ob es kein Mittel gäbe, mehr für sie zu tun. Aber es ist unser Gebetsleben, unsere Vereinigung mit dem Kreuz Jesu, die uns erlauben, den entrechtetsten der Armen Hilfe zu bringen, jenen, die fern von Gott leben, im Schatten des Todes.

+

Das Kloster muss auch freundschaftliche Beziehungen, einfache und spontane, mit der Bevölkerung der Nachbarschaft unterhalten. Zwei Gruppen von Menschen, die sich

147

nahe beieinander niedergelassen haben, müssen sich normalerweise kennenlernen, den Unstimmigkeiten aus dem Weg gehen und sich, wenn nötig, gegenseitig helfen. So verlangen es der Anstand und die Nächstenliebe.

In diesem Geist kann der Vater Brüder ausschicken, eine Familie, die sich gerade wegen eines Unfalls oder einer Krankheit in Schwierigkeiten befindet, zu besuchen und ihr zu helfen. Die einfache christliche Nächstenliebe verlangt das oder manchmal die Dankbarkeit für empfangene Dienste.

+

An Weihnachten, an Ostern oder an andern Festen kann es gut sein, wenn die klösterliche Gemeinschaft oder einige ihrer Glieder mit dem christlichen Volk zusammentreffen können, um die Einheit aller in der Feier der göttlichen Geheimnisse zu bestätigen.

Kapitel 56: Mit Maria, Mutter der Kirche

Die Mönche des Orients und die Mönche des Okzidents haben nie aufgehört, die Jungfrau Maria «selig» zu preisen.

Eine grosse Anzahl von ihnen hat ihr Lob gesungen, Ephrem, Anselm, Bernhard und wie viele andere noch, die Dichter der «cantus mariales» und die Sänger des «Salve Regina».

Viele unserer Klöster tragen den Namen der Jungfrau Maria.

+

Reinste Jungfrau

Du bist empfangen worden vor aller Ewigkeit durch Gott unseren Vater, noch bevor die Welt war.

Du bist die Frau, deren Spross den Satan besiegen wird.

148

Vom ersten Augenblick deiner Existenz an bekleiden dich der Vater, das Wort und der Heilige Geist mit Gewändern des Heils.

+

Mutter Jesu

Im Namen der Welt, die darauf wartet, sagst du das «Ja», das dem Geheimnis jenes Wortes die Türe öffnet, das Fleisch geworden ist und unter uns wohnt.

Du trägst ihn in deinem Schoss, frohlockst in Freude vor Gott, deinem Retter. Du bringst ihn zu Johannes, dem Vorläufer. Du gibst ihn der Welt in der Weihnachtsnacht.

Du wachst über ihn. Dann begleitest du ihn, unscheinbar und schweigend, demütig unter den heiligen Frauen, und du bewahrst alles in deinem Herzen.

Aber als die «in Kana angekündigte Stunde» kommt, stehst du unter dem Kreuz. Du bringst Gott dem Vater das reine und heilige Opfer dar, das in deinem Schoss geformt wurde. Du nimmst als Frau und Mutter am Leiden teil, das der Kirche das Leben gibt.

Dann bist du in Jubel die Jungfrau der Osterfeier und der Himmelfahrt. Die Jungfrau des Abendmahlssaales und von Pfingsten. Die Jungfrau des verborgenen Lebens im Herzen der werdenden Kirche. Die Jungfrau der Aufnahme in den Himmel.

Als erste von uns in der Auferstehung bist du ihr Zeichen am Himmel, verehrungswürdiger als die Engel.

+

Du bist die Mutter Jesu, du bist die Mutter seines Leibes, der die Kirche ist.

Aus deiner himmlischen Wohnung fährst du fort, über sie zu wachen, aufmerksam und hilfreich, wie du in Kana warst. Von Zeitalter zu Zeitalter wirkst du an der Entfaltung des Geheimnisses deines Sohnes mit. Du nimmst an allen Kämpfen deiner Kirche teil. Du wachst darüber, dass alle deine Kinder eintreten in das Leben des Vaters, des Wortes und des Heiligen Geistes.

Einige von ihnen haben dir ihr Leben anvertraut. Du formst sie nach deinem Bild, dir ähnlich. Du lehrst sie, dem Herrn nichts zu verweigern:

«Was er euch sagt, das tut.»
Joh 2,5

+

Wenn der Geist des Herrn, Jungfrau Maria, in der Wüste den Orden der Mönche ins Leben ruft, lässt er ihn gewissermassen teilhaben an deinem Wachen über die Kirche und die Welt.

Mit dir bewahrt, betrachtet und erlebt er in seinem Herzen und in seiner Liturgie alle Geheimnisse deines Sohnes.

Mit dir wacht er über alle seine Brüder, die in der Welt kämpfen, in seinem unaufhörlichen Beten und täglichen Psalmengesang.

Mit dir bildet er den Abendmahlssaal deiner Kirche, wo er gesammelt und wachend um die Ausgiessung des Heiligen Geistes über die Welt bittet.

Mit dir und mit der ganzen Welt, die leidet und seufzt, erwartet er die Wiederkunft des Herrn und das Kommen des Reiches.

Freu dich, Maria,
Vielgeliebte des Vaters.
Der Heilige Geist ist in dir.
Du bist die Mutter Jesu,
meines Erlösers.
Du bist die Mutter seines Leibes,
der die Kirche ist.

Vierter Teil:
Sich binden und ausharren

Kapitel 57: Die Unterscheidung der Berufung

Die Berufung ist das Werk des Heiligen Geistes, der die Kirche baut. Indem er die göttlichen Tiefen ergründet, leitet er jeden nach den ewigen Absichten Gottes.

Gemäss den «empfangenen Talenten» bestimmt er die einen zum apostolischen Dienst und andere zum Dienst Gottes im Gebet. So führen sie füreinander zum Wohl des ganzen Leibes sich ergänzende Aufgaben aus.

+

Um seine Absichten zu verwirklichen, lenkt er geheimnisvoll alle Dinge, Ereignisse und Begegnungen. Wenn die verborgenen Vorbereitungen erfüllt sind, ob nun zur ersten oder zur elften Stunde, lässt sich der göttliche Ruf hören: «Geht auch ihr in meinen Weinberg.»

Dieser Ruf kleidet sich in viele Formen. Der Heilige Geist spricht für jeden die Sprache, die er versteht: spürbare Lockung oder nüchterner Vorschlag, Überzeugung, die sich langsam formt, oder plötzlich aufscheinendes Licht. Manchmal kommt der Heilige Geist mit einem Rat und scheint sich dann für eine Zeit zurückzuziehen, oder er lässt uns lange nach dem Weg suchen, den er für uns bestimmt hat.

+

Wenn es uns scheint, wir hätten diesen Ruf gehört, haben wir unsererseits die Aufgabe, zu beten, nachzudenken, zu fragen, um sicher zu sein, dass es sich wirklich um einen Ruf Gottes handelt und dass er wirklich den Sinn hat, den wir ihm beimessen. Es ist Jesus selbst, der uns zu dieser Überlegung einlädt:

> «Wer von euch,
> der einen Turm bauen will,
> würde sich nicht hinsetzen
> und die Kosten berechnen, um zu sehen,
> ob er genug hat,
> um das Vorhaben zu beenden?»
> Lk 14,28

+

Es ist offensichtlich, dass der Geist des Herrn uns nicht rufen würde, das «Haus» des monastischen Lebens zu bauen, wenn wir die erforderlichen Eigenschaften nicht hätten, ans Ziel dieses Versuchs zu kommen:

Ausgeglichenheit, Humor und Entschlusskraft brauchen wir, um unser ganzes Leben in der Enthaltsamkeit, im Gehorsam und in der Armut zu verbleiben.

Wir brauchen eine gewisse Neigung für ein dem Gebet und der Kontemplation geweihtes Leben. Eine Bereitschaft, die die Gnade unaufhörlich wachsen lässt.

Dann muss man sich ohne Schwierigkeit einfügen können in eine kleine familiäre Gruppe, wo ein gutes Einvernehmen herrschen muss, wenn man will, dass das Leben da angenehm ist und das Gebet wirksam.

Man muss fähig sein, voll und ganz in den Geist der Kommunität und in ihre Lebensweise einzutreten.

+

Es ist freilich noch nicht genug damit, dass man diese erwünschten Fähigkeiten hat. Viele andere können sie haben, die nicht vom Herrn gerufen sind.

Der Heilige Geist muss in uns nicht nur eine Neigung zu diesem Leben bewirken und wachsen lassen, sondern den festen Willen, es voll zu umfassen und darin zu bleiben, welches auch immer die Schwierigkeiten sein mögen.

Einzig der Geist des Herrn kann in uns die wirksame und dauerhafte Entschlossenheit schaffen, für einen besseren Dienst Gottes das ganze Leben lang den legitimsten Gütern zu entsagen.

> «Nicht ihr habt mich erwählt,
> sondern ich habe euch erwählt
> und dazu bestimmt,
> dass ihr hingeht
> und Frucht bringt.»
> Joh 15,16

Kapitel 58: Das Mönchtum empfangen

Der Ruf kommt vom Herrn. Er allein kann ihn erheben. Dennoch wird die Gnade des Mönchtums, seiner Bildung und seiner Überlieferung zum Teil durch Menschen vermittelt. Seit den fernen Zeiten in der Wüste ist der Ruf zum Mönchsleben in der Kirche von Generation zu Generation weitergetragen worden.

Auch müssen wir uns, um das Mönchtum zu verstehen, einem geistlichen Vater unterwerfen, der selber zu seiner Zeit von einem andern empfangen hat. Diesem Meister des monastischen Lebens müssen wir alles sagen, alles anvertrauen.

+

Das erste Anliegen dieses Meisters ist es, uns zu Jesus zu führen, weil es Jesus ist, der uns ruft. Er ist es, dem wir im Begriff sind zu folgen, ihm allein.

Jede Einführung muss dahin zielen, uns so tief wie möglich in die unmittelbare Nähe Jesu gelangen zu lassen. Wir sind seine Jünger, leben nahe bei ihm und werden von ihm geformt. Sein Evangelium ist unsere erste Regel. Wir müssen in seinem Wort bleiben.

Das zweite Anliegen des geistlichen Vaters wird es sein, uns die Wissenschaft des Gebetes zu vermitteln. Er muss darüber wachen, dass sich alle Brüder mit Entschlossenheit und Beharrlichkeit dem Gebet hingeben, um so schnell wie möglich in das Herz des Mönchtums einzudringen, in das Leben des Vaters, des Wortes und des Heiligen Geistes.

Damit es so sei, darf er sich nicht scheuen, die Brüder, die Jesus ihm anvertraut hat, zur tiefsten Demut und zum pünktlichsten Gehorsam zu erziehen. Denn das Noviziat ist in seinem Wesen die praktische Einübung in die Aszese und ins christliche Leben, wenn auch einige ergänzende Fächer dazu unterrichtet werden können und sollen.

Es ist auch die Zeit, sich von den wesentlichen Wahrheiten durchdringen zu lassen: das nahe Bevorstehen des Todes und des zukünftigen Lebens, denn wir sind dazu bestimmt, in der Kirche die zu sein, die warten und wachen. Wenn wir nicht bis auf diese Grundlage vorstossen, werden wir an Ort treten, wie Leute, die den Ernst des Einsatzes nicht begriffen haben.

+

Wenn die Brüder nicht zahlreich sind, kann der Vater selbst die religiöse und monastische Bildung übernehmen. Damit die Einheit des Geistes nicht Schaden leidet, kann er sich dabei unterstützen lassen. Alles muss aufgeboten werden, damit die Entfaltung jener gewährleistet sei, die der Herr uns anvertraut hat.

Sie müssen eine biblische und theologische Unterweisung erhalten, die eine sichere Grundlage für ihr Glaubensleben bilden kann. Der Kommunität darf es nicht an gründlich ausgebildeten Brüdern mangeln.

Diese Unterweisung wird in einem Klima der Demut und der Annahme des Wortes, der Fügsamkeit gegenüber der Lehre der Kirche und der Väter erteilt und empfangen werden. Um im Geist des Mönchtums zu bleiben, wird sie sich nicht an den Intellekt allein wenden, sondern auch ans Herz. Sie muss im Gebet gelebt werden. Sie muss zum Gebet führen.

Kapitel 59: Gott geweiht sein

Wir sind ein erstes Mal vom Herrn zu einer langen Erprobung im monastischen Leben unter der Führung des geistlichen Vaters gerufen worden.

Ein zweiter Ruf kann plötzlich kommen, tiefer, dauerhafter. Der Heilige Geist schafft in unserem Herzen das Bedürfnis, uns ganz und rückhaltlos dem Herrn zu geben. Diese Hingabe wird endgültig sein. Sie wird für immer sein, denn wenn man sich die Möglichkeit freihält, sich eines Tages zurückzuziehen, hat man sich nicht ganz gegeben.

+

Wie man diese Hingabe in ihrer Fülle verwirklichen kann, hat der Geist des Herrn seine Kirche gelehrt, angefangen mit den Worten Jesu in seinem Evangelium.

Für das Reich Gottes verzichten wir darauf, ein Heim zu gründen. Wir verzichten auf das Gut einer menschlichen Liebe. Wir treten mit Jesus auf diese allererste Stufe des Mönchtums. Allein zu sein mit Gott allein.

Was wir auf dieser Erde besitzen, überlassen wir Jesus in der Person seiner Armen, um mit ihm unser ganzes Leben lang arm zu bleiben. Wir gelangen so auf eine neue Stufe der Einsamkeit, indem wir, wie der Herr in der Wüste, abseits der Güter dieser Welt bleiben und so das Angebot Satans zurückweisen.

Dann treten wir mit Jesus ein in das Geheimnis seines Gehorsams gegenüber seinem Vater, mit allen Folgen, die diese Bindung für unser weiteres Leben mit sich bringen kann. Wer seinen Willen gibt, gibt sich ganz. Er überlässt dem Herrn die Sorge, über seine Existenz zu verfügen.

Wir verpflichten uns endlich, der Lebensweise treu zu bleiben, die kennzeichnend für die Mönche ist, und in diesem ununterbrochenen Gebet für das ganze Volk Gottes zu verharren.

+

Diese Hingabe an Gott wird durch die Gelübde besiegelt.

Diese Gelübde sichern die Festigkeit und die Dauerhaftigkeit unserer Hingabe an den Vater des Himmels, trotz all unserer Schwächen.

Sie verleihen ihr vor allem den Charakter einer Weihe, einer Gott dargebrachten Opfergabe, die hineingenommen ist in die Selbsthingabe Jesu am Kreuz, das Opfer des Neuen Bundes.

+

Der Vater des Klosters, der Zeuge war des vom Herrn ergangenen Rufes und des Willens, diesem Ruf zu entsprechen, er wird diese Hingabe und diese Gelübde entgegennehmen.

Er nimmt sie entgegen im Namen Gottes, den er repräsentiert, im Namen der Kommunität, die ihm anvertraut ist, im Namen aller heiligen Mönche des monastischen Ordens.

Er nimmt sie auch im Namen der Kirche entgegen, denn hier ereignet sich göttliche Hochzeit. Hier findet die Vereinigung des menschgewordenen Wortes mit seiner Braut, der Kirche, ihren sichtbaren Ausdruck und neue Festigung. So kann also die Kirche für die Gültigkeit dieser Hochzeit bürgen, sie segnen und diesem Segen die Kraft einer kirchlichen Weihe verleihen, einer Weihe für jene Art von Gottesdienst, die das Mönchtum darstellt.

Kapitel 60: Bleiben

Die Treue ist keine leichte Sache. Die Geschichte des Volkes Gottes bezeugt es: im Alten Testament und gegenwärtig in der Kirche.

Der Heilige Geist hat uns in ganz bestimmte Verpflichtungen gegenüber dem Herrn gerufen. Sie sind heilig. Mit Hilfe seiner Gnade müssen wir ihnen treu bleiben, «bis er kommt». Von unserer Treue kann die Treue vieler anderer abhängen:

«Wenn einer die Hand an den Pflug legt
und dann zurückschaut,
ist er des Reiches nicht würdig.»
Lk 9,62

+

Diese Treue wird erprobt werden. Es gibt kein christliches oder monastisches Leben, das den Zeiten des Überdrusses oder den Versuchungen entgehen könnte.

Es muss nicht so sein, dass diese schwierigeren Zeiten die Frucht unserer kleinen, gewohnheitsmässigen Treulosigkeiten sind. Diese erzeugen zwar immer Verwirrung, Traurigkeit, Überdruss, Lauheit, um dann zu noch Schlimmerem zu führen. Der Herr lädt uns ein, auch in den kleinen Dingen treu zu bleiben.

Prüfungen sind notwendig. Sie festigen unsern Glauben und unsere Hoffnung:

«Die Prüfungen bewirken Geduld,
Geduld aber erprobte Treue,
erprobte Treue Hoffnung.»
Röm 5,3–4

+

Abgesehen von den liturgischen Feierlichkeiten, die in die Kirche und in das Kloster Licht bringen, enthält das verborgene und zurückgezogene Leben der Mönche nicht immer anregende Ereignisse.

Damit wir auf dem Weg nicht zurückbleiben, müssen wir wie der heilige Paulus uns nach vorn richten, wie der heilige Antonius in der Wüste jeden Morgen, als ob es der erste Tag wäre, uns den mutigen Entschluss abringen, vorwärts zu gehen.

Jeden Morgen müssen wir uns erheben, um dem Geliebten zu öffnen, der an unsere Türe klopft. Wir müssen hoffen, dass dieser neue Tag eine tiefere Begegnung mit ihm bringen wird, dass er uns an diesem Tag küssen wird mit einem Kuss seines Mundes:

157

«Der Geist und die Braut sagen:
Komm!
Wer hört, der sage: Komm!,
und wer durstig ist, der komme,
und wer sich sehnt, empfange
umsonst das Wasser des Lebens.»
Offb 22,17

+

Brüder, im bereitwilligen Empfang des Leibes und des
Blutes des Herrn, im beharrlichen Beten werden wir die
Kraft finden, in aller Treue den Dienst zu erfüllen, den
Jesus uns anvertraut hat:

«Glücklich die Knechte,
die der Herr, wenn er kommt,
im Wachen treu findet.»
Lk 12,37

Weitere Bücher aus dem Kanisius Verlag

Meinrad Gyr SJ

Im Dienst der Liebe

Die evangelischen Räte

94 Seiten, 2. Auflage

Ein wertvolles Buch für alle,
die ihren Zölibat vertieft leben wollen.

Frauenklöster in der Schweiz

Herausgeber: VHONOS

214 Seiten, illustriert

Eine unentbehrliche Information
über die weiblichen Orden
und Kongregationen
in der Schweiz.

Wegweiser in die Stille

Herausgeber: R. Sieg

32 Seiten, deutsch und französisch

Einkehrmöglichkeiten
in Ordenshäusern der Schweiz.

Kanisius Verlag
Postfach 1052, 1701 Freiburg Schweiz